我把此刻的徽州寄给你

——休宁篇

WO BA CIKE DE HUIZHOU JIGEI NI XIUNING PIAN

休宁县旅游委员会◎编

合肥工業大學出版社
HEFEI UNIVERSITY OF TECHNOLOGY PRESS

图书在版编目（CIP）数据

我把此刻的徽州寄给你．休宁篇 / 休宁县旅游委员会编．—合肥：合肥工业大学出版社，2019.2
ISBN 978-7-5650-4410-6

Ⅰ．①我… Ⅱ．①休… Ⅲ．①休宁县–概况 Ⅳ．① K925.4

中国版本图书馆 CIP 数据核字 (2019) 第 020445 号

我把此刻的徽州寄给你——休宁篇

休宁县旅游委员会 编　　责任编辑 张 慧

出　版	合肥工业大学出版社	版　次	2019 年 2 月第 1 版
地　址	合肥市屯溪路 193 号	印　次	2019 年 3 月第 1 次印刷
邮　编	230009	开　本	710 毫米 ×1010 毫米 1/16
电　话	人文编辑部：0551–62903915	印　张	7.25
	市场营销部：0551–62903198	字　数	90 千字
网　址	www.hfutpress.com.cn	印　刷	安徽联众印刷有限公司
E–mail	hfutpress@163.com	发　行	全国新华书店

ISBN 978–7–5650–4410–6　　定价：34.80 元

目 录

第一封信

亲爱的你：

当你翻开这本书的时候，其实是你我之间的缘分开始了。一直相信因缘暗合，也相信缘分的延续。所以，如果你愿意，可以把这本书寄出去，寄给爱人、朋友，或者陌生人。

也许，不经意之间，你会在这个喧嚣的城市里找到一样追梦的人。还记得彼此的少年初梦吗——自成一派，一派天真。撑一柄油纸伞，漫步在绵湿悠长的徽州雨巷，看雨滴顺着屋檐落下，感受大自然最质朴的丝滑，远离迅速发展的城市文明，告别匆匆来去的生活，去寻找大开发时代遗漏的一角。

那么，这个地方会是哪里呢——休宁山色横江水，回首依依勒马看。对，这便是休宁。

休宁——“休闲宁静”之地，一个秀丽脱俗的名字。其实这个县，早在东汉末年的公元 208 年就建成了，最初名休阳，后改为海阳，晋时改名为海宁，隋开皇年间始作休宁沿用至今。

天地之间，满是自然醇香。

“山绕清溪水绕城，白云碧嶂画难成。处处楼台藏野色，家家灯火读书声。”烟雨朦胧之际，最适合来休宁，景色和梦境缠绵交织，是“假作真时真亦假，无为有处有还无”的太虚幻境。

休宁，处于皖之南极，散落在徽州盆地间，横江北绕，率水南缠，境内古称白岳的齐云山是中国四大道教名山，“一石插天，与碧云齐”，素有“黄山白岳相对峙，绿水丹崖甲江南”之誉。自古延今，休宁文风昌盛，人才辈出，更因为从南宋到清朝这里竟然走出去了 19 位文武状元，又被称作“中国第一状元县”。

休宁的水至善至柔，至纯至净。这里的水仿佛正是梦中油纸伞下的颗颗雨珠。移步换景，三溪水纯泉清，幽潭访幽，平添一抹情绪；

夹溪河水，激流飘荡，任意东西；横江水破开阴阳，却又静水流深……一折山水一折诗，山水随诗入画屏。

这里，一弯流水碧波回环，时而清波涟漪，山光树影，相映成趣；时而水流湍急，惊涛拍岸，卷起千堆雪。在霁雨初歇、如烟如霞的雨雾中，“烟波迷万壑，雾海隐千峰”，群山若隐若现，雨过天晴，从云环雾锁中探出头来的山峰洗刷得分外洁净，滋润得分外沁人心脾。

这里，古镇古风犹存，诗意绵绵，海阳、万安、五城……就像一颗颗古老的翡翠串起的项链。这些古镇环山而起，绕水而生。徜徉在清幽伤怀的小巷中，看黑瓦飘摇，墙角生绿藓，便不由得生出怀古幽情来。当你走进一家老屋的院落，一不小心踩上残碑，碰到瓦罐，便不知与哪朝哪代擦肩而过。如今古巷老屋虽然没了昔日的繁华和喧嚣，但它们面对迅速扩张的城市文明，仍在以老朽之躯苦苦支撑。“泰山石敢当”，今日的小镇似乎仍倔强地佑护着流淌在古巷老屋中的古风遗韵……

这里，古村星罗——清水出芙蓉，天然去雕饰。从率水之滨，到横江江畔，新安源、右龙、星洲、月潭、龙湾、东亭、西馆、南坑、川湖，行走之处，古树环合，阡陌交通，清新自然。更有云端之上、危崖之巅的祖源、木梨硔、里庄、月华，山作香炉云作烟，恍如天上街市。春暖花开，面向油菜花铺成的黄色海洋，寻一处老房，捧一盏香毫，无须喂马、劈柴、周游世界，你已经是最幸福的人。

我们千里万里去找寻遗落在砖瓦间的气质，其实都是对少年初梦的敬重。这些少年梦是质朴的，是动人的，是自带徽州气质的。这里，从来不缺梦境，若是你来此处，我将把徽州的休宁献给你，我将带你找回最真的自己，追最勇敢的梦！

第二封信

娓娓道来齐云山

Weiwei Daolai Qiyunshan

记得，有一位智者这样评价齐云山：齐云山是一座文化大山。我想是的，说走就走，惊鸿一瞥，是无法走进这座文化大山的深处的。静下心来，慢慢品味，一定是一次灵魂的邂逅。记得一定要来哦，我在齐云山等你。

——题记

名山名在哪

齐云山是休宁县最有名气的旅游胜地了。不对不对，齐云山的名气何止休宁呀，我差点忘了，齐云山不仅仅是乾隆笔下的“天下无双胜境，江南第一名山”哦，它还是与湖北武当山、江西龙虎山、四川青城山并称的中国四大道教名山之一。还记得明朝那个没事到处游山玩水的达人徐霞客么？他游黄山时曾写下“绝笔”——登黄山天下无山！可是他老人家从黄山转到齐云山后，立马就后悔了，因为在此后三年内，他竟两次爬上齐云山。要知道，徐霞客一生中重复登临的名山大川只有四座哦。其实，齐云山不仅古代有名，新中国成立后，其风景名胜事业和旅游发展同样名声在望，不仅成为国家级的风景名胜区，还被命名为国家地质公园和国家森林公园，琳琅满目的摩崖石刻也名列国家重点文物保护单位之列，其道教音乐还是国家非物质文化遗产呢！目前全山旅游基础服务设施正在改造提升，已经进入创建AAAAA级旅游景区的关键时期。再给你爆个料吧，2016年4月，习总书记到安徽视察，特地引用历代名人诗句赞美了黄山、九华山、齐云山和天柱山，强调要把好山好水保护好，实现绿水青山与金山银山有机统一。

你说，齐云山牛不牛？

扯远了。古话说，百闻不如一见。请跟我来，让我们走进齐云山，去见识一下丹霞耸翠的胜景奇观，去领略一下回荡千年的道教香火魅力，去细细品味那些刻在绝壁悬崖上文人骚客的千古绝唱吧。

欲登峰定要过横江

在齐云山，你能听到一首非常妙曼而又诗意浪漫的歌曲，它就是由现代民歌之父何沐阳创作、全能天后徐千雅演绎的《齐云山上》。其中有句歌词就是“欲登峰定要过横江”。由登封桥过横江，经过九里十三亭古道上齐云山是传统的登山之路。

先说说登封桥。登封桥“跨川如虹，卧波如龙”，横卧于横江之上。明万历十五年，徽州知府古之贤倡建该桥，八墩九孔，桥墩船形，

全以青石砌成。后历代多有修缮。因为桥落成之日，朝廷使者驿书亦至，宣告古之贤提升为广东按察司副使，县民感其德政，祝古之贤被封大官，步步登高，便将该桥取名为“登封桥”。

过了登封桥，拾级而上，就进入了一条苍翠的古道，这条登山道号称九华里（其实到山口望仙亭应为过六里），其间建有十三座古亭，供游人香客途中歇息。这条道的名称就是“九里十三亭”。在道家渴望长寿永生的理念中，“九”通常为易中天数之最，至阳；“十三”取象龟背上的版纹，龟为水之精，至阴。二数相合，可知“九里十三亭”蕴含了阴阳和顺、健康长寿之意，故有“齐云山上走一走，延年益寿九十九”的说法。前面说过了，徐霞客三年间两次 (1616 年和 1618 年)

登临齐云山均取道于此，现在这“九里十三亭”又获“霞客古道”之名。

十三亭依次为：第一仙关亭、步云亭、环峰拱秀亭、登高亭、中和亭、白岳亭、凌风亭、瞻敬亭、松月亭、海天一望亭、云水亭、渐入仙关亭、望仙亭。亭亭不同，风格迥异，各具特色。当然，如果不从霞客古道登山，也可以从山下的游客中心乘索道上来，自然可以少了徒步的劳累，而且，从缆车上俯瞰横江美景，也另具风味，所以这倒也是年长者或是旅途匆忙者的最佳选择。

望仙亭为古道最后一亭，建在望仙峰与中和峰之间，两峰夹峙，形成关隘。前面的风光都可以免费欣赏的，过这个亭就算进入齐云山的核心景区了，得留下“买路钱”——景区检票处就设在这里。当然，索道的终点也设于此。

仙山可悟道

出望仙亭，往左经正德古道可至洞天福地，这里原有大片的道家宫观建筑群，因历史原因及经年风雨剥蚀，于民国年间全部倒塌，现在景区管理部门已经在恢复修建之中，估计很快就可以完工开放了。这个地方最为人津津乐道的应该莫过于至今保存完好的张三丰墓了。原来洞天福地是张三丰修行得道之处，传张三丰在武当成名之后，因为其武艺高超树敌过多，也可能是躲避宫廷诏请而遁入了天高皇帝远的齐云山，最后在此羽化升天。既然是羽化成仙，那这张三丰墓，当然是他的衣冠冢了。往右沿阶而下，就是桃花涧，涧上也有石桥一座，

建于明代，名叫梦真桥，左倚榉树，右临丹崖。涧上原本无桥，据说明嘉靖年间杭州绅士谭仁义背患痈疽，久治不愈，梦中一白胡子老道指点说邋遢仙（即张三丰）正在齐云山云游，可前往求治。谭仁义来到齐云山果然见到了神仙道长张三丰，张三丰取涧底灵芝为其治痈，次日痈疽消肿退热，第三天痈祛体复。谭为感谢老道梦中指引，于是捐银造了这座桥，取名“梦真桥”。这正是“梦境本虚无，白岳显灵真，玄帝难益寿，华伦妙回春”。

过梦真桥，沿着永乐古道前行，即到栖真岩，唐乾元年间山东名道龚栖霞在此结庐修真，成为齐云山道教开山鼻祖。岩下原本是道观，现在门庭尚存，观顶及建筑主体已经倒塌，齐云山的道观大多依山依崖依势而建，所以，里面供奉的真武大帝倒也还是风雨无侵。旁边的忠烈岩供奉着汪公大帝：隋末天下大乱，汪华起兵保境安民，后归顺李唐，被封为“忠烈侯”“越国公”，徽州百姓为其立祠供奉，尊称其为“汪公大帝”。

再过去，映入眼帘的就是一个硕大的“寿”字崖刻，这也是齐云山的地标性景点之一，为宋代理学家朱熹所题，字高九尺九寸，宽六尺六寸，正合周易卦数，暗喻阴阳和合之理。

既是仙山，必入仙境，没有天门是不可以的。转眼就到了一天门，是天然山洞口，一夫当关，万夫莫开。回头看，一天门竟是一个巨大的丹霞地貌山体自然形成的石洞，活脱活现酷似巨大象鼻，故称“象鼻石”。

一天门内两侧立着许多碑刻，碑体有青石的，也有红石的。迎面而来的岩壁上也有许多崖刻，如“天开神秀”“新安胜境”等，这就是齐云山最著名的摩崖石刻了。说到这里，咱们先普及一下齐云山摩崖石刻的知识。齐云山摩崖石刻最为集中的地方就是一天门和真仙洞府。从雕刻技术与书体风格看，无论是碑刻还是崖刻阴刻，既有擘窠

巨字，也有工细小楷；少者一二字，多者千余文。如前面看到的“寿”字，仅为一字。而在玉虚宫门前树立的、明正德年间由唐伯虎撰文的《紫霄宫玄帝碑铭》，碑长 7.6 米，宽 1.4 米，文字长达千字以上。这些碑刻与石刻的书体不一，俨然是一座书法宝库，蔚为大观。真、草、隶、篆、行等，或秀美柔婉，或雄浑豪放，或庄严拘谨，或潇洒流利，或气势夺人，流派纷呈，风格各异，再现了历代游人不同学识、教养、游历、宦迹的风貌。

穿过象鼻就是真仙洞府，集丹霞地貌、道教文化和摩崖石刻于一体，是道教推崇的“四象”风水宝地。这里不仅丹霞地貌特征最为突出，而且依崖建有齐云山最密集的道观群，供俸道教诸神，依次是八仙洞、圆通洞、罗汉洞、雨君洞、文昌洞。八仙洞供奉的当然是铁拐李（李玄）、汉钟离（钟离权）、张果老、蓝采和、何仙姑、吕洞宾（吕岩）、韩湘子、曹国舅（曹景休）啦；而圆通洞供奉的却是全世界仅有的一座卧状观音菩萨。咦，观音不是佛教的吗？不然，观音在道教里化身为慈航道长了。雨君洞供奉龙王，文昌洞供奉文曲星，这都不难理解。最为奇妙的要数罗汉洞了，主供真武帝君，两旁却又供奉着十八罗汉，可见道教的包容性之大，怪不得罗汉洞的门楣上镌刻着“众妙之门”四个大字。从真仙洞府中，我们完全可以感受到浓厚的儒、道、佛合璧的气息。真仙洞府堪称一绝的还在于它怀抱的一汪碧水，也就是碧莲池。崖顶无论晴雨，总有泉珠散落，形成薄薄水帘，宛如珍珠卷帘，十分好看。隔池可见对面的香炉峰，峰顶建有香炉亭。香炉亭通体金黄，亦是齐云山最著名的地标景点之一。如果想登上香炉峰，进入香炉亭内体验绝崖而立的心跳，只能沿峰顶垂悬的大铁链攀崖而上，不过这可不是一般人能行的。当然景区从安全角度出发，也是禁止游客攀爬的。所以，只能遐想遐想就作罢了。

再往前，就是二天门。二天门既是隘口，也是一处道观，里面供奉着财神菩萨，想发财的朋友别忘了在这里请一炷香哦。二天门右侧是一个观景平台，可以远眺月华街的整体风貌——丹霞葱翠，依山而立粉黛民居，树梢中凸显的马头墙，碧瓦红墙的宫观，峡谷远处香炉峰的香炉亭，色彩丰富，层次感强，美不胜收。

继续拾级而上，迎面而立的就是三天门。三天门是人间与天上的临界点，过了三天门就是道家的仙境了。这处仙境，就是被誉为天上人间的月华街了。月华街是齐云山山民和道士生活的地方，也是为游客提供餐饮住宿的服务中心，家家都是农家乐和民宿。因为齐云山道教属于正一教派，道士修行不如全真教那么严厉和辛苦，不必出家，也不必斋食戒酒肉。所以，在月华街，山水、村庄、田园、道院，粉墙黛瓦的民舍和红墙鎏顶的宫观相间，香烟、炊烟缭绕，经声、喧声相闻，一幅和谐的天上人间图画。说不定刚才你在道观里看到打坐诵经的师父，这会下班了回到家里脱了道袍正在为远道而来的你端茶送水呢！抿一口白岳黄芽，尝一尝紫藤花蒸腊肉，再来一盘红烧小杂鱼，

奢侈的话还可以再来个清炖土鸡，这等美味估计以前的神仙也是无法享受的。再说口水都要下来了，等你来自己慢慢品味吧。

月华街上的太素宫，是月华街乃至整个齐云山的主要道观之一，规模之大、规制之高亦为罕见。太素宫原名佑圣真武祠，始建于南宋宝庆年间（1225 — 1227 年）。祠中所奉真武神像相传为百鸟衔泥塑立，灵应昭著。明世宗嘉靖十一年（1532 年），龙虎山正一派第四十八代天师张彦頨奏令道众赴齐云山为皇帝建醮祈嗣，果获灵验。于是皇帝敕令扩建真武祠，改名为玄天太素宫。现在我们看到的太素宫，是 2013 年才彻底修缮和复建完成的。其整体规划周密奇巧，匠心慎微精湛，体现了我国劳动人民高超的艺术才智。

月华街还有一处著名的景点就是小壶天。小壶天其实是一个悬崖上的石窟，靠山的崖壁上有“思退崖”“石上流泉”“一线泉”“飞升所”等石刻，石窟可容客二三十人，丹台贴在绝壁上，下临深涧，

岚烟缥缈，据传这是道士飞升成仙的地方。入口处是一个修建于明代的石坊，石坊门洞呈葫芦形，上刻有“小壶天”三字。石窟顶部还可以看见恐龙脚印的化石。没想到，在很久很久以前，齐云山居然还是恐龙的栖息繁衍之地。

到此，月华街的精华可见一斑。继续沿着古道西行，往左，可至最高峰，最高峰下面是中立石，中立石对面是思耻台，思耻台是犯了错误的道士面壁思过的地方。中立石上刻着“能者从之”四个大字，这究竟是登上了最高峰的是能者，还是认识错误悉心悔过的是能者，就不得而知了。往右，则通往玉虚宫，宫门由“太乙真庆宫”“玉虚阙”“治世仁威宫”三个石坊组成，石坊上有神鸟异兽图案的浮雕，宫内供奉元始天尊、玄武大帝，雨水季节，岩上飞瀑分注，跌落两侧水池。三个石坊一字排开，中间门楼为三层，两侧二层，石砌门罩，斗拱飞檐，各檐下有数十朵石刻花翅，门枋上有蛟龙入海、天上神仙的石雕，采用透雕手法，海浪腾云突出石面，相互缠绕，造型非常精美。据说，这样好的宫观格式，在全国是唯一的。宫门旁立有多块石碑，其中明嘉靖张景贤书《登齐云山次徐比部韵》，行书诗赞齐云胜景，值得一读。而最著名的是前面提到过的明代大才子唐寅所撰写的《紫霄宫玄帝碑铭》，立于崖刻“紫霄崖”三个大字下方，碑高近丈，碑与座皆为红岩刻就，下面托碑的是赑屃——龙生九子之老六，貌似龟而好负重，有齿，力大可驮负三山五岳。此碑为齐云山镇山之宝。

再过去就可以看到五老峰了。五老峰海拔 560 米，是齐云山最具代表性的山峰，群峰参差为群，好像五位躬身而北、拱揖参拜的老者。晚霞中看五老峰，颇有一种电影《阿凡达》中的仙境之感，是很多摄影爱好者来齐云山的必到之地。

五老峰左侧，有条古道是通往方腊寨的。其实齐云山除了自然风景和道教文化，也有传奇人物的故事，方腊寨便是其中之一。方腊寨处于独耸峰之上，因方腊在此筑营扎寨而得名。虽然当年在此筑寨的痕迹已荡然无存，但是山民们说起方腊的故事依然津津乐道——宋徽宗宣和二年（1120 年）秋天，方腊发动起义，杀富济贫。义军声势浩大，不到半年时间，就攻占了歙县等六州五十二县，威震东南。方腊义军在齐云山的独耸峰上屯兵，抗击宋王朝官兵的围剿。在齐云山上，方腊义军凭借险要的崖涧和天生的云雾，居高临下，用刀剑和滚石把宋朝官兵打得落花流水。齐云山上粮草丰盈，方腊依岩洞建寨，本来可以固守，但义军中出了叛徒，一夜之中决了池水，烧了粮库，义军陷于绝境，不过方腊最终设计退了官兵。

方腊寨东侧，近年新修了一条栈道，通过这条栈道很快就可以到达环山旅游公路的停车场。在这里乘坐景区换乘公交，半个小时就可以回到山下游客接待中心了。

山下风光也无限

—— 邂逅旅游小镇

在齐云山上，每一个镜头都好似与一位年长智者的对话，而山下的旅游小镇，则时刻飘洒着诗书相伴的梦境。放下匆匆的步履，找个地方发发呆，旅游小镇和自由家营地想来是不可错过的休憩目的地。

走进旅游小镇，幢幢小楼，徽庭皖院，营造古典静谧空间、修身养性写意生活。如果你向往桃花源般的生活，那么小镇再适合不过了。在这里，你的步履会变得坦然，眼睛会变得深邃，呼吸会变得顺畅，心灵会变得宁静，淳朴的民风会让你觉得人情是暖的、世态是热的。

这个小镇有着设计别具匠心的酒店式养生公寓，日瞰景观夜览星辰，恬静时光无限尊享，内外皆动人，拥抱美好的放松时刻。不妨在小镇上驻足，歇一歇疲惫的双脚，仰望一眼巍峨的白岳。山上的景观是一种模样，山下的景观则是另一种模样，让人想起了一句诗：你站在桥上看风景，看风景的人在楼上看你。不识白岳真面目，只缘身在此山中嘛！下山也许会发现不一样的齐云山，看到自己内心的另一面。

在小镇上，选一个安静卧室，搦一管湖笔，铺一张宣纸，在密致厚重的歙砚里研磨徽墨，酣畅淋漓地一番自由挥洒，管它画的像什么，只在乎这与天地契合的神韵。捧一卷古书，细细吟咏，数不尽的道骨仙风，看不尽的书生意气，

尽是儒家风范、道家灵魂。推开小窗，远处静谧流淌的横江，雾气弥漫，清风徐来，水波不兴，见白露未晞的两岸人家，梦一场与苏子跨越时空的千古奇谈，书生意气，江山清风，山间明月，莫不都在这祥源小镇上齐备了，心事俱忘，烦恼远离，人生之境，莫不如斯！

乐见自由家

自由家营地紧紧依傍在齐云大道旁，掩映在一片绿海丛中，由树屋世界、营地博览园、运动俱乐部三大主题度假区组成。

夜晚，栖住在高高的树屋之中，可以打开窗户，仰望苍穹下的满天繁星，想起了那古老的牛郎织女的传说。卧榻，让黄白色的光暖暖地照在身上，柔软的床铺，简约的摆设，充满着小窝的温馨。清晨，一幢幢树屋隐匿于松林间，幽静而神秘，恬静而悠远，在你不经意间构筑一个不曾被喧嚣叨扰的树屋世界，像极了小说中的世外红尘。拾级而上，漫步穿过松果遍地的松林，驻足远眺，那是满目绿色、云雾缭绕，让人不禁闭目深呼吸，感受大自然最纯净的洗礼——穹顶之下，还有徽州！

这里，是玩家的部落、社群的基地，各路高手为喜爱的项目而聚集；这里，彼此之间不仅是游客，还会是朋友，一起徜徉在青山绿水的怀抱里，遨游在大自然的呼吸里，尽情感受户外运动带来的快乐。你可以约上三五好友，带着满怀激情，在这郁郁森森的山林里打一场真人CS，体验战场前线的刺激与紧张；或者远离地面，登上高空进行一场探险，挑战自己的心理极限；抑或驾上卡丁车，穿戴好装备，少了一分跑跑卡丁车的天真，多了几分职业赛车手的犀利，体验速度带来的刺激，让耳旁的风吹去经年积累的疲惫。电影《速度与激情》中的飞车特技是不是给你留下了深刻的印象？汽车营地里，精彩的人车合一飞车表演、出神入化的摩托车特技，也一定会给你带来无比震撼的视觉享受。你可以和孩子一起到儿童乐园玩个尽兴，仿佛时光又回到了那美好的童年；还可以持个钓竿，闲坐江畔，垂钓江山，感受那番斜风细雨不须归的闲情逸致……在这里，畅快的户外活动，是多少人梦不可及的欢乐体验！

与自由的一场甜蜜约会，可缓缓至矣！

TREEHOUSE LAND
树屋世界

自由家

第三封信

最美不过休宁水

Zuimei Buguo Xiuningshui

最亲不过家乡人，最甜不过故乡水。休宁的水就是一位伟大而又慈祥的妈妈，默默温润滋养着徽州大地和她的孩子。

——题记

为有源头活水来

休宁有大小河流几十条，流域最长、最具影响力的应该就是率水与横江，在屯溪汇合后叫作新安江。唐朝诗人孟浩然有诗赞美新安江：“湖经洞庭阔，江入新安清。”

说到休宁的水，不妨从两家报纸的两篇旧文说起。

一篇是《人民日报》1986 年 1 月 3 日发表的文章，称：“钱塘江的正源在哪里？钱塘江的长度是多少？浙江省科协等单位发起的由 14 名科技工作者组成的钱塘江河源河口考察队，1983 年和 1985 年曾为此进行了 2 次专门考察，考察确定，钱塘江正源是新安江，源头位于安徽省休宁县海拔 1600 多米的怀玉山主峰六股尖。入海口位置是浙江省海盐县的澉浦至对岸余姚市的西三闸一线，全长 605 公里。”钱塘江的正源在哪里这个问题专家学者争论了半个世纪，《人民日报》一锤定音，这一场旷日持久的源头论战从此画上了句号。

新安江美不美？美！富春江美不美？美！钱塘江美不美？美！休宁的大河小溪自然比不得新安江、富春江、钱塘江的名气，却是三江之源，正所谓“问渠那得清如许，为有源头活水来”。

另一篇文章是时隔 20 年后 2006 年 7 月 27 日在《光明日报》上发表的《休宁的水》，作者是时任北京大学常务副校长吴志攀。吴先生在文中赞美到：“我从廊桥的窗口向外望去，河水清清的，一眼看到底。在正午的阳光下，水波流动，闪闪发亮。我已经很久没有看到这么清澈的水了。”“村边也有一条河，叫率水河。源头是从六股尖流过来的。小河非常清澈，村里人告诉我，河水没有任何污染，捧起来就可以喝。我站在河边，透过清亮透明的水，看到河底颜色各异的鹅卵石，偶尔有几条银灰色的小鱼好奇地游来，又游回深处了。小鱼好像是专门从深水游上来，同我这个北方来的客人打招呼的。往水底看，很深的地方都依然清澈，就像透过一个巨大的水晶。”他进而感慨道：徽州文化，我们往往想到的是歙砚、徽墨、徽菜、徽茶、新安画派，以及徽派建筑。这些都离不开徽州的水。老坑的歙砚和胡开文的徽墨，要有好水才容易发墨；徽菜中的土鸡汤、休宁的有机绿茶，都离不开这里的好水；在这里，臭鳜鱼和毛豆腐是那么香，火腿和茶干因为有了好水，才越嚼越香；徽派民宅的明堂中央，都会修一个水池，下雨从房檐滴下来的水都流到这里，水即是财，不能流走，收集在池里，能饮用，又能用来防火，还能用来浇菜地，“肥水不流外人田”；更不用说新安画派中的水墨，更是将水浸入徽墨里，徽墨染于水中。只要我们保护好水，休宁将来一定是全国最富有的县之一，因为不但这里的乡亲能喝最纯

净的水，还向下游地区供应最纯净的水。我们应该牢记老祖宗留下来的话：“水即是财”，“财即是水”。

休宁的水，美不美？休宁的水，甜不甜？可见一斑。

在休宁，素来有“八山一水半分田，半分道路和庄园”的说法。可见，在休宁的国土资源里，除了山，就是水了。正是这可贵的一分水，养育了千千万万徽州子民，成就了一代代徽州商人，孕育出厚重灿烂的徽州文化。

“一源两水三百塘”是对休宁的水系的高度概括。休宁地处皖南山区，这里千沟万壑，水系众多，虽然“满眼青山绿，处处闻水声”，但山美美不过白岳（齐云山）和黄山，水甜甜不过率水和横江。

率水横江入新安

先说说三江正源的率水。率水源头位于怀玉山主峰六股尖的东北坡，初始为多叠瀑布，注入龙井潭，向北流出约 10 公里至冯村，当地人把这段称作冯源河。这片流域就是名声赫赫的新安源，每年出口欧盟的新安源有机茶就占了全国总出口量的四分之一。其至鹤城、流口后曲折流入祁门县凫峰乡，几度迂回，折向东南，再次返回休宁的怀抱，经冰潭到溪口与板桥、花桥流水的沂源相会，随后一路奔腾至月潭、龙湾，源自五龙山的颜公溪汇入后，经商山、阳湖，与横江汇合后形成了新安江。

率水自源头至上溪口河段是上游。两岸山势陡峭，河谷狭窄幽深，河身在山间千回万转，流向多变。上溪口到月潭为中游，其中陈霞以上，谷地开展。月潭以下为下游，两岸多为低矮丘陵，间有河心沙洲，地势开阔，河道平顺。从率水流域挖掘的遗址来看，早在西周时期，就已有文化较为发达的土著居民定居在这里，可见率水无论在古代还是现代，都对人们的生存和发展具有极为重要的意义。

再说说横江，虽然横江的主要流域在休宁，可是发源地却在上游的黟县。横江源于黟县漳岭的白顶山，所以我们通常把黟县这段水域称作漳河。漳河经渔亭向东进入休宁开始称作横江，至齐云山会龙源河，至杨村会紫溪河，又至川湖万全山会夹源水，继续东流至万安镇，先后会柳州河、松萝水、琅源水，再经梅林会陈坑水入，至阳湖与率水汇流，注入新安江。其下游则是驰名中外的富春江、钱塘江，尤其是富阳至桐庐，“奇山异水天下独绝”八个字更是赞誉有加！

在农耕时代，水路交通是社会生活的经济命脉。且不说有多少徽商沿着横江、率水和新安江，走向全国成就了三百年徽商的传奇，即便是现在，这一方土地的百姓对山水的呵护依然可圈可点，随便走进一个小村庄，在蓊郁的水口林下，在古老的水口亭里，和那些老人拉拉家常，老人们就会说起杀猪封山、杀子禁山、罚戏育林的故事。至今，像休宁这样全县境内都依然保持着一级饮用水的县，已经不多见了。休宁自来水厂的水，从来不用加任何消毒剂，取来的水稍作沉淀就可直接饮用。这里是全国饮用水质量最高的县，是全国饮用水最安全的县。在全国 2000 多个县里，休宁大概是独一无二的，能做到这一点，实属不易。

风生水起月潭湖

青山绿水就是金山银山，休宁人有着更深的体会：明清时期勤劳而又聪明的休宁人，就是把山区的木材、毛竹和茶叶，通过率水和横江，运抵杭州、苏州、上海、北京，走向外面的世界，创造了一个个徽商的传奇。

正如吴志攀先生所言的“休宁的水是财，休宁的财是水”，在新安江上游的率水建一座大型水库，把水资源转化为电力，进行水上综合开发，是几代休宁人的梦想。而今天，这个美梦即将成为现实——月潭水库项目经国务院批准已经动工了。

月潭水库地处率水河的中上游地区，大坝坝址位于海阳镇首村附

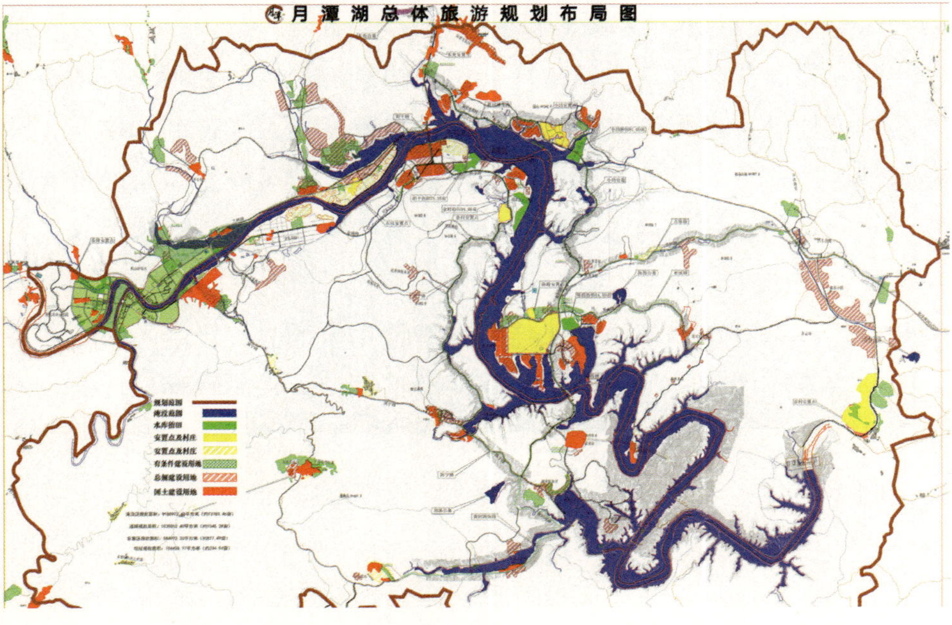

近，距休宁县城和黄山市中心城区均为半小时车程。工程全部建成蓄水后，将会形成几十里之广的水域，对构筑区域防洪保护体系、保障城市用水安全、保护和改善生态环境、提升黄山市的城市品位、促进国际性旅游城市建设等都具有极其重要的战略意义。可以预见，水库建成发电之日，一个完全可以与下游千岛湖景区媲美的月潭湖景区也将横空出世了。

置身月潭水库如火如荼的施工现场，我仿佛看见蓄满碧水的月潭湖就像是一个美丽的姑娘，静静躺在群山拥抱的率水河上，屈身自如，高贵典雅。湖中有山，山中有湖，山抱着水，水抱着山，卿卿我我，难舍难分。

那时候，漫步在湖边人行道上，或偶有一阵风来，丽日蓝天下，湖面波光粼粼；或湖中鱼儿戏水，水纹阵阵，白鹭翻飞，或有顽童掷出石子，我们家乡的土话叫“打水漂儿”，一样让这静谧的湖水荡碎倒映的月亮。

若是春日，荡舟湖上，整个湖面笼罩在蒙蒙春色之中，放眼望去，碧波万顷，群山叠翠，若隐若现，朦朦胧胧，眼前如一幅印象画一般掠过。在这里，你还可以寻觅到历史的遗痕：北宋时期的大诗人王安石当年也曾风尘仆仆地从月潭湖的湖面上走过，写下“朝度藤溪霜落后”的诗句；老家在徽州的南宋大哲学家朱熹说的“鸢飞鱼跃”，莫不是预见到了月潭湖的清澈之水，才会发出这样的感慨？

最美的是皓月当空之际，皎洁的月光轻洒在月潭湖的水面上，三五游人驾上一叶扁舟，去这浩渺的烟波湖上游览，仰头似乎隐约可见远处的齐云山、颜公山、五龙山，俯仰之间，似乎又和这徽州大地上厚重的人文气息进行了一次又一次的交流，是一次忘乎所以的谈话，更是一次梦幻奇谈。可以在湖面上仰望星空，数着那满天繁星，闪闪烁烁，感受着月潭湖静与柔的意境。这秀美的月潭湖，虽默不作声，却给予你一抹清新、一袭晴好、一片树影斑驳，从而填满你的心。

第四封信

古韵新姿海阳城

Guoyun Xinzi Haiyangcheng

人生的旅途，总是在焦虑、迷茫和不安之中前行。在白昼与黑夜的更替里，眼睁睁地看着岁月在生活的磕磕绊绊中溜走。如果还有一处“养身、养心、养生”之所，能圆你一个舒适甜美的休闲之梦，你——愿意来吗？

——题记

来吧！今天，让我们走近休宁“县治”——海阳镇。

海阳镇又被当地人亲切地称作“海阳城”。如果乡下人要去县城办事或走亲访友，旁人问起“到哪去呀”，他一定要朗声应答“去城里”。一声“去城里”，豪迈感油然而生，这里的“城里”，是休宁人对县城海阳的特定称谓，而其他区县的城关镇是没有这份殊荣的。比如，邻县黟县乡下人大多把去县城称作“上街”。瞧瞧，我们是“去城里”，而别人只是“上街”，怎样，得意的不要不要的吧！

海阳是名副其实的古城。到底有多“古”，当地人会自豪地告诉你：“我们海阳城已经1800多岁了。”等等，让我翻翻历史书，哇塞，早在东汉建安十三年（208年），海阳镇的凤凰山即为县治驻地。古人筑城可不是随随便便的，第一讲究的是风水，你看古城四周松萝山、凤凰山、白鹤山、玉玑山等众山环绕，夹溪河、横江水穿绕而过。十墩十一孔的明代石拱古桥夹溪桥横卧清溪，桥东承接老街（西街），桥西凤山和凤湖相峙，难怪古诗有“夜柳有湖传彩凤，夹溪如花卧长虹”的赞誉，我觉得一点也不过其实。一方水土养一方人杰，从这里走出去的大家也是如雷贯耳，如明代文学家程敏政，明末书画家、出版家胡正言，清初新安医学名家汪昂，近代著名徽商汪宽也、程敦裕等，数不胜数。

虽经 1800 多年的沧桑变化，如今的海阳城依然古韵浓郁，古城墙、护城河陈迹仍在，休阳故址、钟鼓楼古风犹存，西街老店铺粉墙黛瓦马头墙高高昂立，城内到处可见的古街、古巷、古塔、古桥、古井，时不时就把你又拽回历史长河的印迹……

海阳西街

海阳西街是老徽州最著名的商业街区，因为城西 15 里就是中国道教圣地齐云山，所以又得名“齐宁街”，与屯溪老街、万安老街并称“徽州三大古街”。海阳西街、屯溪老街、万安老街沿横江（在屯溪汇入新安江）呈带状布局，是休宁县古时重要的一条商业贸易线。说到这里，也许你就不明白了，为什么把屯溪老街并入了休宁的商业贸易线？呵呵，其实现在的黄山市中心城区屯溪，在上世纪初只不过是休宁县辖的一个小镇“而已”。

作为曾经的繁华之地，西街两侧林立的老商铺显得有些老态龙钟，斑驳的墙，坑洼的石板，黑黢黢的立柱。西街里面又呈枝状分布着许多小巷，走进去层楼叠院、高脊飞檐、曲径回廊，移步换景的感觉实在是美妙极了。在西街，即便是一些濒临倒塌的老宅子的改造，也依然保留了徽派建筑的风格，只不过是古时候的中药铺变成了现在的时装店。传统与时尚并存，西街又被赋予了新语言和新的生命。

虽然这里已经不是县城的主要街区，但依然有许多传统的工艺和商贸。街道两旁小铺有针头线脑顶针箍的裁缝店，经过机织、染色之后未经加工的布料也算得上一大特色，拿一匹做成自己喜欢的式样，留下一记缠绵的思念。弹棉花、刻章、穿棕绷、修自行车等等，如此的民间百业仍飘荡着古老的气息，这一切仿佛还在诉说着昔日的喧嚣。这边吆喝锅贴饺、豆腐乳、米糕……那边又传来打铁的声声不息……他们中的一些人，一辈子就干一件事，兢兢业业，勤勤恳恳，精益求精，在他们的身上凝聚的是工匠精神。

暮色降临，行色匆匆。徜徉在古老的西街，漫步在幽静的小巷，透过高高的马头墙，抬眼望星空，想想也真是美妙极了！

中国状元博物馆

休宁最值得点赞的就是从宋代开始，一直到清代，一共出了 19 位状元。难怪很多人一提到休宁县都会竖起拇指说：哦，我知道休宁县是中国第一状元县呀。这样一个令人惊叹的奇迹，也深深吸引着我，迫不及待地想去探寻这其中的奥秘——状元文化广场与博物馆便是最好的去处了。

首先映入眼帘的是状元文化广场，这里也是海阳城的中心。4 柱青石状元坊伫立在广场中央，8 根镌有海阳八景图案的华表石柱沿东西方向一字排开，像笔直挺立的将士庄严威武地分列在博物馆的两侧。地面上以红砂石、青石铺就的“三甲”图案错落有致。16 块以千年科举为主题的石雕花窗镶嵌在广场围墙上。石雕花窗运用传统而特别的艺

术形式逼真传神地再现了科举考试的场景，每块石雕中的人物神态、田园屋舍、一草一木都在向我们展示那时人们生活的有趣画面。

广场东侧的4柱三层冲天式孝子牌坊上刻有“圣旨”字样，让人倍感威严。百善孝为先，在古代孝是被人极力推崇的，所以孝被朝廷旌表。徽州是牌坊的故乡，每一座看似冷冰冰的牌坊非常坚硬，但其实藏着许多感人至深的故事，千百年广为流传。

拾级而上，直抵状元阁。那题匾上的“状元阁”三个大字，笔力苍劲，为国学大师季羡林先生所题。状元阁为两层楼阁式飞檐翘角的结构，中间挂着一个硕大的黄钟。每逢重大活动或新旧年交替之际，人们都会来敲钟祈福，钟声雄浑悠扬，回荡在状元县的上空，传递着休宁人民敢为人先的状元精神。在状元阁的四周，还有海阳书院、海阳大戏楼等系列仿古建筑，是状元文化的重要组成部分。

而若要真正了解状元文化，你就必须到状元文化博物馆里去深究。伫立在状元博物馆正门口，抬头仰望这古县衙又名钟鼓楼的建筑，左右完美对称，飞檐翘角，回廊幽幽，方寸之间无不流淌着文官武将的文雅性情和大气胸怀。古色古香的建筑，扇扇轻盈的朱门，轻巧的结构，令人感到通透明亮。院内结构更是简洁而不简单，有洗尽铅华之后的气韵生动，绿草如茵，花丛掩映之间的石板小道也是别有一番风味。简单的树木花草与敦朴的徽派建筑不经意的搭配，竟营造出空旷寥廓的意境。

沿着长廊走向一处别院，发现有亭翼然临于藕花池上者，名曰秋水亭。只见亭下的池水中一群群五颜六色的锦鲤悠悠自在，往来不息，穿梭在清澈见底的水中，也穿梭在游客们欣喜和赞赏的目光中。

迈入钟鼓楼展厅的那一刻，那种古老而醇厚的文人的浩然正气扑面而来，溢满胸腔。馆内的珍宝数不胜数，分门别类地陈列在展厅的各个部位，殿试试卷真迹、被还原的科举考场、文状元手稿、武状元刀剑、堪为镇馆之宝的《鱼鳞册》……走进状元博物馆，就仿佛走进了一千多年前的科举时代。让我最为印象深刻的是伏在窗边案前挑灯夜读的人像，隔着窗纸好像看得到书生低垂着眉眼，心无旁骛，目光只集中在书本之上；也好像

感受得到书生两耳不闻窗外事，一心只求考状元的壮志雄心。我想起徽派建筑的窗户，雕刻的是冰纹，意味着十年寒窗，苦读发奋，一朝金榜题名天下知！站在城楼向下俯瞰，终于理解“万般皆下品，唯有读书高”是何等高尚的胸怀境界。

走过幽幽长廊，绕过展厅，后院设有“金色龙门”，那龙门金光闪闪，光彩炫目。一旁的雕花石碑上刻着“跳龙门”和“龙门一跃天地宽，济世安邦非等闲”等字样。你可别忘了一定要跳过去哦，这一跳，你的事业、你的爱情就都梦想成真啦！

海阳庄园

海阳庄园坐落在海阳城北的琊斯状元村，琊斯意为美玉，可见这里自古以来就是风华物茂、文化丰厚的地方。中国状元文化大观园，是海阳庄园的主体建筑和形象代表，依次建有进士第、状元居、状元

文化展、状元大戏楼，里面名人字画琳琅满目，休宁县历史上的19个文武状元的生平事迹也非常翔实。崇尚快餐式阅读的现代人，来这里看看，穿越千年，依然能看到古代状元那熠熠生辉的精神，这里可谓是精神遨游的好去处。2015年，全国乡村旅游提升与旅游扶贫推进大会在这里举行，让海阳庄园成为瞩目的焦点。

海阳庄园的最高处是九龙阁，登阁俯瞰，一幢幢粉墙黛瓦的徽州民舍掩映在青山绿水之间，宛如一幅凝固的中国山水画和一曲中华民间音乐。若是恰好遇上烟雨朦胧的季节，古村落的上空便蒙了一层洁白的面纱，“千呼万唤始出来，犹抱琵琶半遮面”，这大抵便是你这一生见过最美好的姑娘了。九龙阁前面便是状元湖，静坐湖畔，一竿在手，鱼动镜湖，有声有色，实为一幅水墨丹青；或在湖边垂柳之下，闻鸡起舞，摆上太极的架势舞弄一番，倒也映衬了杨氏太极拳名家赵斌先生所言的“意趣环生味无穷，恰似杨柳摆春风，练到柔和优美处，行云流水一般同”。这倒也不负海阳庄园作为徽式太极文化中心这顶桂冠了。

既然志同道合，不如在此小住。与古人秉烛夜游，畅聊古今；或

饮酒论史，不醉不归；又或月下蹒跚，仰天赋诗。在这里不可或缺的应该就是一盏新茗了。说到茶，未曾想庄园后面的种植园居然是享誉中外的松萝茶的正宗产地。松萝茶堪称中国炒青鼻祖，在松萝茶种植园，可以体验到松萝茶的采摘与制作过程。看见自己亲手采摘的松萝在杯中散开，扑鼻而来的清香，难道不是我们内心福祉的蔓延吗？

千年古村落——黄村

休宁出状元，黄村多进士。

海阳古城南郊的黄村已有1100多年的历史，相传黄村黄氏的祖先就是中国历史上大名鼎鼎的农民起义领袖黄巢。

黄村之所以出名，还跟一座漂洋过海的徽州古宅有关。1997年，美国南希女士相中了黄村的一座普通民宅——荫余堂，决定将其买下来。后来，他们将荫余堂拆下来，每个构件逐件严格编号，用集装箱将 2700 多块木件、8500 多块砖瓦、500 多块石件运到美国，又原样重新恢复建成了一座徽派建筑博物馆，成为徽派建筑在异国的一个标杆，成为中美文化交流的大事。

如今，来到黄村不可不看的就是进士第。首先看到的是门楼，七层斗拱，四柱三楼，是典型的明代建筑式样。上方悬一竖匾“乡贤”，蓝底金字。下方嵌一横匾，上有“进士第”三字。门楼上有些砖雕石雕，颇为精致。进士第是明朝嘉靖八年（1529 年）进士黄福于嘉靖十年在家乡修建的住宅，后来曾改做家祠。进士第结构完整，风格独特。四进依次为门楼、门屋、享堂、寝楼。门屋、享堂、寝楼前各一天井，寝楼后还有一个小天井，除第一个天井外，其他三个两边均有门供人

千年黄村

出入。原来的进士第规模比现在看到的要大得多，左右两侧都有房屋院落。

除了进士第，还有黄村小学。黄村小学可不是一般意义上的一个校名，上个世纪初它可是休宁最早兴办新式教育的小学，至今还保持着当年的原貌。当年这所小学早期非常红火，办学很有特色，引得了民国时期著名教育家黄炎培先生亲临视察，留下了“知君所学随年近，许我重游到皖南”的题词；1948 年，时任教育部长朱家骅也送来了“桃李争辉”的斗大金匾。如今，学生虽然不多了，但朗朗的读书声依然回荡在这所古色古香的校园内。

第五篇

风水横江万世万安

Fengshui Hengjiang Wanshi Wan’an

小小休宁城，大大万安街。

万安，从历史的长河走来，让人觉得心安，心之安处便为家，此行便是回家之行。

——题记

万安老街位于休宁县城以东，随着日新月异的城市发展，已经与县城新区无缝对接。

万安老街是老徽州著名的水路码头，也是昔日非常繁华的商埠，当地人每每会用“小小休宁城，大大万安街”这句话告诉你明清两代万安老街的社会经济地位。当年，休宁的徽商，就是从这里别离妻子、远赴他乡，坐着小船，下苏杭，当学徒，开商铺。在徽州有一句民谣叫“前世不修，生在徽州。十三四岁，往外一丢”，男孩子在十三四岁时就不得不背井离乡，沿着横江、率水，走上了外出经商讨生活之路。在老街码头，不知有多少小脚女人坚持走了十几里路来送船，不知多少白发母亲洒过送别儿子的涟涟泪水，不知多少徽州女人挥舞过期盼心上人早日归来的双手。

万安老街紧邻横江而居，东倚古城岩，蜿蜒起伏的玉玑山似卧龙横亘南面，北边则是百年老校休宁中学，原清华大学校长周诒春就是从这个学校毕业的。还有著名的教育学家陶行知先生，他的启蒙教育也是在万安老街上的私塾完成的。这里也曾经作过徽州府治和休宁县治，至少有 1700 多年历史了。

风水横江，万世万安。万安老街风水形胜，东面万寿山上的万寿塔与南面玉玑山上的巽峰塔、丁峰塔遥遥相望，就像威武的壮士时刻守护着老街的康宁。横江至此来了个“几”字形转向，犹如神龙摆首。山有古塔，水有古桥，沿街马头墙高昂的商铺，勾勒出了一幅“小桥、流水、人家”的徽州山水画卷，望之便令人心旷神怡。走进老街，鱼骨状街巷与横江水参差交合，巷子里青青的石板，店铺外暗红的门板，抬头仰望，白云蜷伏在黑黢黢的马头墙上，这种心境人间哪里寻得？这样的万安老街真是让人莫名的就有一种心安，觉得，就是这儿了！

万安老街沿着横江而建，呈一个马蹄状，在水运发达的时代，这里是远近闻名的物资集散中心，南来北往的茶叶、木头、食盐、布匹等货物，在这里集聚，然后又外运出去，抵达屯溪、杭州或更大的集镇。如今，这里还保留有古水埠码头12处，零星分布于横江边上。这些依然完好的码头，在静静地叙述着曾经的风云际会与沧桑巨变。

舞榭歌台，风流总被雨打风吹去。如今走在万安老街，依然随处可见徽派砖木结构的古民居，两边则是五花八门的店铺，这些店铺装修简约质朴，也没有什么大的匾额，有的直接在墙上写上“某记”，干脆利落。地面是青石板铺成的，呈S形向前蜿蜒延伸，曲折有致。可是当繁华谢幕，留下的更是弥足珍贵，纵使历史变迁，也难掩一身贵气，更加庆幸，自己选择来到了这里。

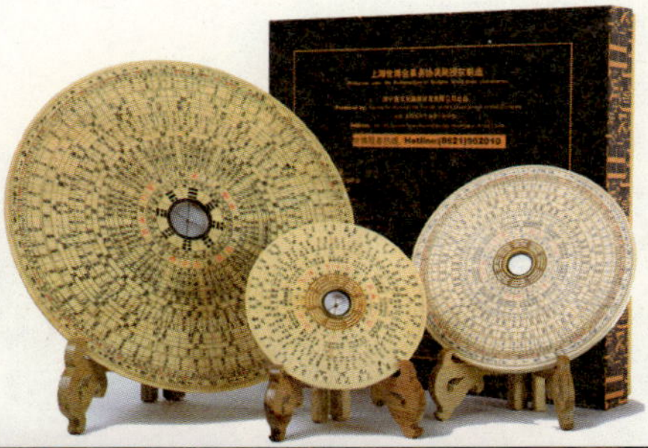

万安老街的名望，不仅于此，更在于举世闻名的“万安罗盘”，明代以来风靡全国，成为中国罗盘正宗，远销日、韩等国，被世人称为“徽盘”。古人非常崇尚风水，认为建筑灵魂就是风水，那么看风水，是离不开罗盘的。

万安罗盘之可贵，在于它的

制作是纯手工，选料是虎骨木，关键之所在是——在制作过程中最后的定针阶段，一般都是主人躲在密室里进行的，那针是在天然陨石上轻轻地磨拭过的，具有很强的磁性。

1915 年参加巴拿马万国博览会，万安罗盘与贵州茅台一并荣获金奖。2006 年，万安罗盘传统技艺被列入第一批国家级非遗保护项目名单，吴鲁衡第七代传人吴水森成为国家级非遗传承人，第八代传人吴兆光成为省级非遗传承人。2012 年 11 月，全国第一个罗经文化博物馆——万安罗经文化博物馆又在万安老街吴鲁衡老店址隆重开馆，昭示着万安老街传统文化品牌基地将再焕青春。

说到传承，就不得不提教育。在万安老街东端的皂荚巷内，有一幢规模颇大的两层徽派民宅。这是万安镇国学功底很深的秀才吴尔宽坐馆开办的私塾，又称吴家大院。1898 年，7 岁的陶行知先生因寄养

在万安附近的外祖父家，来此拜万安老街的吴尔宽老先生为师求学，7年的私塾之学奠定了陶行知的学问基础。1908年，17岁的陶行知在万安老街边的“古城岩下，水南桥边”码头上船，往杭州求学，成就伟大的事业。这里便是人民教育家陶行知的启蒙馆。

似乎教育是万安的文脉之魂，就在陶夫子走后不久的1913年，万安亥山脚下的新棠村，被教育家胡晋接先生相中，他来此创办了省立二师，开了徽州师范教育之先河。学校以“诚毅”为校训，励精图治，成效斐然，俊才辈出，一时赢得徽州最高学府之誉，而后易名为徽州中学、休宁中学，一直相传至今。新中国成立后，其为安徽省首批重点中学，高考成绩屡创新高，几乎年年都有学生考取北大清华。

老街走走，依然古色古香的味道没变。老街东头连接的古城岩也是一片承载着厚重的历史和文化的圣地。古城岩曾经是县治、州治所在，是隋末唐初的徽州伟人汪华（汪氏44世，封为越国公）一统杭州、歙州、饶州等六州之地。汪华作为徽州的地方神，历来受到世人的顶礼膜拜，齐云山的忠烈岩供奉的就是他的神像。那“寿山旭日”是著名的海阳八景之一，古城塔成为一种徽州文化的象征符号。

从古城岩入口处一路前行，会看到很多大大小小的牌坊，庄严安静，迎面而来的是一个又一个穿越百年的爱情故事。

蓝天白云间，青山绿水旁，在古城岩，我看到最美的人间烟火。稀稀落落的几户人家，好像是谪仙来的，在软软的云团里那么若隐若现着，偶尔的犬吠声会让你惊醒：这是人间，也平添了几分熟络的欢喜。想着这样荡荡悠悠的一辈子，云去云来，世界简单到只有窗里窗外，何尝不是一种美好？

一箪食一瓢饮，这就是古城岩，对于都市人来说，是不堪其忧的，而于旅行至此的人来说，不改其乐。

万安镇，让人心安，来此即回家，你不想来看看吗？

第六封信

梦里山村浮云端

Mengli Shancun Fuyunduan

八山一水半分田，半分道路和庄园。来徽州自然不能不看这山上的农田和庄园，以免错过美丽的天上街市和云端古村。

——题记

里　庄

雨落湿轻辙，绿野仙踪境。缘率水而上，堪称云端上的村落，当陈霞里庄莫属了，因为它地处海拔 1468 米的五龙山主峰的山腰，是目前华东地区海拔最高的行政村。里庄是一个有着 400 多年历史的古村落，原本只有一条延绵 10 多里的羊肠小道通往山下，化肥、种子、粮食上山，山珍、野味、林茶下山，只能靠老乡们肩挑背驮。10 年前，当地政府投入巨资建成里庄公路，从此天堑变通途，这个神秘的云上村也渐渐掀起了盖纱，受到户外徒步爱好者的青睐。里庄所处的五龙山，终年云雾缭绕，山顶分布着一条长达十余里的杜鹃花海，一簇簇，一片片，灿若云霞，气势壮观，是华东地区负有盛名的赏花胜地。

因为山高，所以大凡雨后，都可见浓浓的云雾在山间游动，笼罩着山峰，似梦似幻，恍若仙境，令人叹为观止。云隙里的房子，自然也是典型粉墙黛瓦，高高的马头墙总是高傲地立在墙头。和大多徽州古村落一样，一条条青青的石板路从村头伸向村尾，穿行在窄窄的小街小巷中，恰同走进时光的隧道，又如“只知魏晋，不知有汉”的桃花源，山民们怡然自乐。来到此间，你不仅感觉到空气是那样清新，更体味到浓浓的纯朴之风，时间就会在不知不觉中流逝。每逢秋阳高照的日子，勤劳的村民就把收获的稻谷、南瓜、辣椒、玉米等粮食农作物放在太阳下晾晒干燥，山村处处洋溢着山居人家的丰收喜悦，展现出了一幅幅五色斑斓的金秋画卷。

祖　源

徽州的粉墙黛瓦因水而多了几分灵气，同样地处高山的梦里祖源也不例外。祖源是座千年古村，当年项姓、朱姓村民为躲避战乱在此安居。祖源是个世外桃源，水口紧锁，两山对峙，藏风聚气。全村呈笊篱状，高处是绿波荡漾的林海，村前是稻田风光，粉墙黛瓦的古村落处在碗底处。小溪淙淙，汇至水口的萃源桥与荟源桥，然后一起奔流，向山外奔去。

去祖源有一个东西非看不可，那就是村中来龙山上的那株擎天而立冠盖如云的千年红豆杉，高有 26 米，围径达 4.8 米，需要 3 个人才能合抱。它是该村始祖迁来时栽种的，见证了村庄的风风雨雨，村人视其为神树。每逢村民举办做房子等大事时，都要带着鞭炮之类的东西到这里祈求树神的保佑。祖源村的人为了保护古树，曾经付出了生命代价。村中至今还一直流传着“杀子禁山”的故事，就是最好的明证。

祖源的小巷，没有油纸伞，也没有丁香般姑娘的邂逅。我披着现代的雨衣，拿着现代的相机，就这样，在细雨的午后，被溽湿的思绪愣生生地带入了满是伤痕的曲折里。两边就像朱自清先生笔下的古董铺子，到处都裸露着时代侵蚀的痕迹。左边是青砖白瓦之新生，右边是坍圮破败之落寞；左手繁华，右手沧桑。走在这空虚的雨巷，被雨水毫无顾忌地淋着，兜兜转转，全是被岁月抛荒的遗孤，零零散散、风雨飘摇、残缺不堪却又惺惺相惜的存在，明净毗邻。老家，祖源！这是最后的呼唤，也是递给远方的乡音。

我仅是一个过客，误入大山深处，本来只想逐雨来一场骑行，让自己快活一番，未曾想被一场雨淋湿在祖源的思绪里，那野蛮的绿依旧让我心有余悸，那坍圮的伤疤依旧让我嗟叹惋惜。一场雨，把我淋湿在祖源的新生与颓废里，酣畅之余夹杂着残忍！

下山的路上，一路破雨前行，车轮滚滚的辙迹，渐行渐远。

再见，祖源！

木梨硔

你好，木梨硔！

徽州的雨季，像一语说不完的故事，绵绵谴谴。或心有恹恹不语，抑或雨日双幕难足，总没有个定数。这顽劣的天性适逢徽州的包容，也就随它尽情撒欢了几个月。我等姑且容忍一番。俗话说，车有车路，马有马路，大自然自有它的套路，待到 5 月下旬，便毅然决然地断了这孩子撒泼的兴头。如此这般，才有了蓝天、白云、阳光的三生有幸再重逢。我等这番潮湿的等待又何足齿挂、卿语相叹呢！

木犁硔以它独特的美征服了摄影家们挑剔苛刻的审美，名副其实地入选“黄山市百佳摄影点”。木犁村地处海拔 800 米的高山上，被誉为“黄山最美的高山村落”，村落建立在山脊上，房屋错落有致，

三面悬空，周围又被竹林环绕，偶有云海飘过，顿时化为仙境。拿着相机随手一个咔嚓，捕捉到的都是无法言喻的美景。

这是我第一次正式拜访，依稀记得新年第一天骑行板桥，途径那个普通的岔路口，有着一块干瘪的指示牌，憔悴地刻着：木梨硔！因为心有所属，所以毅然右转，一路疾驰。是经过，也是错过，真是个搁浅的玩笑。看着仿佛不那么干瘪了的指示牌，我和好友会心地笑了。向左，一条山路，就这样在三个人心头展开，轮下辙迹散开了。

为追赶日落，我们便铆足了劲往上骑。当骑至半山腰空旷处，发现路便到了尽头。唯有一处荒凉的古道，嵌着错落有致的裸木拾级而上，在夕阳烫金的光束下，眼前的古道便多了一分大地的质感与厚实。扛上车，与天争一番，埋头向上，不时地瞭望对面山头太阳的位置变化，生怕突然失去了引力就坠落山谷消失不见了。大口的喘息，扑通的心跳，酸痛的小腿，生冷的阶梯，下沉的夕阳，都拦不住我一步一步的倔强与执着，每一步都是登顶的前奏。这是我坚韧的傲慢与自尊，容不得半点松弛！

当我成功地抓住了夕阳的尾巴，内心的喜悦着实让紊乱的心率舒缓了些许。放眼望去，红椽青瓦，翘角飞檐的古民居层次分明，时有飞燕呢喃细语绕檐蓬翅，一际天色，黑白两幕，两两相望！夕阳落红染飞檐，落得三色平天际，这随意的徽州，大有清水出芙蓉、天然去雕饰的洒脱，着实让蜡笔又掉色三分。看得人好生惬意！

清晨的云霞不容错过，于是选择了一座旧式徽州老宅改造而成的茶舍。踩着吱吱声响的木质楼梯，我们便来到了二楼。这是一间两边对开的木屋，床头多了扇意外的小窗，窗上别出心裁地挂了件风铃，绰有风姿地随风舞动，恰到好处地装饰与招呼。窗外，一片葱茏吐翠，绵绵绣章之景；屋内，木板小床棉花被，让人思绪流连。曾手捧董桥先生的《从前》，倚床夜读，待到夜深之时，枕溪而眠，也就随了那溪水潺潺之声入梦去!

远方的屋舍，从高至低，逐级而下，直至云海深处，给人缥缈远方的想象与眺望。当东方的天边开始为她撇撒第一缕暖阳，丝丝光束下的你，宛若铺金叠翠穿身上，乳流似带系腰间，红氲胭脂仰面妆，轻香冷韵气自华，娇羞横卧展侧颜，一时间，神驰无羁慌了手脚，乱了心智。本以为可以将此刻定格，未料到世人赞美太过于嘈杂打扰到你，你随清风徐来，又随阳光烁金而去，俨然不肯将就，真是个怪吝脾气的姑娘。

这场美丽的狂欢与追逐，终将冷清与散场。回程的路上，思绪依旧未从那薄雾浓云中散开，身子已然在路上了，但，我的心呢，从未离开木梨硔半辙。我想，如果你也打算邂逅于此，请你提前跟我打个招呼，替我捎句情话：

你的美，是那夜不下来的黄昏、明不起来的清晨。

呈　村

从木梨硔下山沿浙水继续往板桥方向前行，两边都是高山，比较逼仄，一些小山村都伴水而生，小桥流水，非常有诗意。不知不觉间进入了板桥乡，这里可是安徽唯一的山泉流水养鱼之乡。到了一处，豁然开朗，田园风光映入眼帘，呈村到了。

看呈村要到对面的摄影台看看，你会发现这是大自然恩赐的一块风水宝地，可谓天造地设。清澈的浙水沿着呈村的田园外围巧妙地画出了一个数百公顷的天然圆形。十几户人家，粉墙黛瓦，就依偎在大

山脚下。

最美的是阳春三月，洲上菜花遍地，像是金色的地毯，花丛中蜂飞蝶舞，不时有乡村孩子在放飞风筝，在和煦的春风中，看着这样一幅天然的水墨画卷，不由感慨大自然的伟大，心中的一切烦恼都会不翼而飞。

浙岭古道

再往大山深处行走，就到了皖赣两省的分界处，这里有条著名的古驿道，叫浙岭古驿道，上七下八十五里，可以抵达中国最美的乡村——婺源县浙源乡岭脚村。这里是古代婺源最大的交通要道，古道宽度一般在四尺以上，属于官道。一路古桥古亭相伴，古迹众多，故事三天三夜都说不完，保存非常完好，是户外徒步爱好者的最爱。岭头处是春秋时期吴国与楚国的分界地，至今还耸立着一块“吴楚分源”的古碑为证。

浙岭山脚下有个小巧的村落叫徐源，是休宁泉水养鱼第一村。它位于浙水河的源头，水质清冽。这里的村民祖祖辈辈都会巧妙利用地形，家家建起了石砌的鱼塘，养着泉水鱼，一个 50 多户人家的村子就有 80 多口鱼塘。由于水温低，生长慢，鱼色乌黑，营养价值高，这里的鱼儿价格比较贵，一般在每斤 80 元左右。但酒香不怕巷子深，现在前来品尝泉水鱼的人可是络绎不绝，村里办起了七八户渔家乐。

第七封信

好山好水筑华章

Haoshan Haoshui Zhuhuazhang

绿水青山就是金山银山！

徽州的水是灵韵的，徽州的山是豪情的，它默默滋养着一代代勤劳的徽州人。徽州人就像呵护母亲一样，一代又一代精心守护着这片绿水青山，坚持着人与自然和谐共生。

——题记

休宁的山是俊秀叠嶂的，休宁的水是清澈温婉的，“人行明镜中，鸟度屏风里”。在乡村中行走，随时都可以掬起一捧山涧里的水，舒心润肺，不用担心有什么污染。大河小溪中你可以看见成群结队的石斑鱼、黄丫鱼等游来游去，悠然自得。

虽然休宁人为了这片山水的纯净，舍弃了更多发展的机会，可是作为徽商的后代，他们依然做好做足了水文章。目前在率水和横江流域利用峡谷和溪流开发生态旅游项目的主要有夹溪河漂流景区、枧潭生态景区、横江齐云山太极漂流项目、徽州大峡谷景区、颜公河漂流景区、三溪景区等等。现在，就让我带你，与这些美丽的溪水来场美丽的邂逅——山水相依，绿树环绕，看着清澈的溪水奔腾不息地欢唱，听着竹海在微风中舞动，让烦恼与忧愁在这一刻随水逝去、随风飘走，成为一个如梦一般的存在。

徽州大峡谷景区

徽州大峡谷位于休宁县的源芳乡，离黄山市中心城区仅 16 公里。走入位于白际山脉深处的徽州大峡谷景区是一个不错的选择。在这里，你可以先游览峡谷风光，再体验漂流项目。

走进峡谷，走过一个晃晃悠悠的铁索桥，迎面而来的是一片幽静的湖泊，宛如一片绿色翡翠，靠在岸边的竹筏更增添了它的古典气质。再往前去，山愈深，心愈静。沿着清幽的山路，阳光穿过密密的树丛窸窣地洒下。一路伴水而上，可以看到很多小瀑布——母子瀑、龙须瀑、深潭瀑、连理瀑、珍珠瀑、飞灵瀑、小夫妻瀑、老夫妻瀑、流芳瀑、桥下瀑、银练瀑……每一个瀑布都演绎着不同的精妙绝伦。印象最深刻的是即将登顶的那几个瀑布——彩虹瀑、火山瀑、人字瀑和天瀑。晴日的正午，瀑布下的彩虹，五彩斑斓，人字瀑的奇观也生动地阐述着“天人合一”的理念。登顶可以看到亚洲第一高瀑“仰天瀑布”，

远望如擎天玉柱，高悬于青天之上，气势磅礴，蔚为壮观；近观似银河倒流，飞银泻玉，水声震天，心旌摇曳，难怪被世人惊叹为“天瀑”，

倒也合情合理。

“不登高山，不知山之高也；不临深溪，不知地之厚也。”徽州大峡谷虽然没有极高的山势，但它有自己的灵气，山水环绕之间，处处充盈着灵动之美。深吸一口气，感受空气中氤氲的森林的氧气和溪水的清新，没有大城市的喧嚣，只有林间小鸟的啾啾、风吹树叶的沙沙、一首昆虫和瀑布一起演奏的田园交响曲。

体验速滑，对我来说是个未知的挑战，心里有些七上八下，但是抱着不给自己留下遗憾的心态去尝试了一把。戴好装备坐在那个密闭的滑道时心里满满的都是恐惧，被推下去后我死死地抓住两旁的栏杆，小小的胳膊抵抗着强大的地球引力，不一会儿我就精疲力尽了。前方小伙伴传来的声声尖叫让我决定放手一搏。当我松开手上的力度，让自己放松着下滑时，感受到了速度的激情。当渐渐习惯这样的速度时并没有什么可怕，反而更多的是享受。

回程选择漂流当然是最好的选择了，因为徽州大峡谷漂流无疑是这个景区最吸引人的地方，全长三千余米的河道，高达百余米的落差，再加上河道两边那些怪石悬崖，奇树成荫，这种享受是十分美妙的。这里的漂流的刺激之处就在于全程都不需要人划，从头漂到尾，其间有好多巨型冲浪，有垂直型的，有S弯道的，一路上弯道不断，惊叫连连，几乎没有一个较为平缓的地方能够缓冲，用“惊险刺激”这四个字形容是再也恰当不过的啦。在这种炎炎的夏日里面，能够找到一处如此清凉的地方享受一下，远离酷暑的城市，实在是一种奢侈的享受。

枧潭生态风景区

枧潭风景区位于休宁县北部的蓝田镇，村舍棋布，土墙木屋，堪称“原始部落”，是黄山和宏村这两大世界文化遗产地之间的必经之地，交通十分便捷。

枧潭不仅有清秀迷人的皖山皖水、徽派古建筑的徽韵遗迹，而且具备绝佳的生态环境和一流的自然风光，是夹溪河源头上最后一块自然环境原生态处女地。境内，古树参天，竹茂林森，物产丰富，水源充沛，峡谷幽深中弥漫着原始的乡土气息。景区主要由上枧潭村和下枧潭村两个古老的村落组成，枧潭河穿村而过，村舍依山而建，村民傍水而居。景区内保留着数量众多的土墙屋，是用黄泥巴围板填土捣杵建成的，墙体宽厚，方式原始。这样的房子冬暖夏凉，在徽州的山村如今已经很少见了，你走进去会有一种时空穿越之感。同时枧潭被评为黄山市百佳摄影点，它的美，难以掩饰。

在这里，春季踏青赏花，夏季碧水漂流，秋季漫山秋叶，冬季雪中漫步，每个季节都是一首瑰丽的小诗。

踏着鹅卵石铺就的小路，枧潭春季的美景便开始呈现。野芳发而幽香，佳木秀而繁阴。那轻轻拂面的杨柳让人即刻就能陶醉于枧潭一片迷人的翠绿里。都说大自然是最好的设计师，几棵杨柳树早已伸开臂膀上百年，恭迎来自五湖四海的朋友。“昔我往矣，杨柳依依。今我来思，雨雪霏霏”，仿佛和柳有关的，大都牵引着些许浪漫情思。除了柳树，景区内还有有着四百多年树龄的香榧树。香榧树，又叫“子孙三代同堂树”，当成熟的香榧果子还在树上，来年的小果已挂在枝头，后年的花芽又正在绽放，这种坚果三年开花，三年结果，三代同堂。

期盼儿孙满堂的人不妨来这儿看看，总能带走一份属于你的福气。

夏季是一年当中最为热烈的季节，随着气温的逐渐上升，春天时温温婉婉的枧潭也开始变得活泼明媚起来。潺潺的溪水令人心驰神往，游客们纷纷坐上皮划艇，来一次与枧潭的亲密接触，尽情享受河水浸湿衣衫的清凉。夹溪河漂流以及枧潭漂流都是喜爱漂流的人们的好去处，坐在皮划艇上慢慢地向远方靠近，两岸是葱翠的竹林，抬头便是蓝天和白云。白云在蓝天里肆意飘扬，我们在碧波里纵情荡漾。划得累了，便索性把桨一丢，四脚朝天地仰躺在皮筏艇里，看天看云看山看水，任皮筏艇四处游荡，抛下烦恼，忘掉目的地，纵情于山水之间，岂不乐哉！

枧潭之秋，是黄色与赭红色的。一阵风吹过，那五彩的菊花便随着风轻轻摇摆起来，山间飘落的片片红叶，装点了每个游人的梦。那凋零的叶片不是生命的终结，而是希望的开始，飘落的红叶滋养着这片土地，来年春年将会绽放更美的花朵，所谓“落红不是无情物，化作春泥更护花”如是。菊花是花中隐逸者，在枧潭肆意地开放，因为枧潭本来就是一片世外桃源，金氏家族和许氏家族在此隐居，躲避战乱，成就了这样一片“原始部落”。

进入冬季，来岘潭漂流的游人少了，而奔着美食来的吃货多了。围坐在圆形的小木桌旁，一家人或是一群友人一同品尝岘潭的特色农家杀猪饭，热气腾腾的食物让每个人心里都暖洋洋的。人们大快朵颐的同时，也享受到了农家田园生活最朴实的美好。屋外白雪覆盖了山路，银装素裹，屋内阖家欢乐，饭菜飘香。闭上眼，深呼吸一口，瞬间沉迷在老家熟悉的香味里。有农户在屋内生起火炉，听着木炭燃烧时噼噼啪啪的轻响，尽情地享受舌尖上的狂欢。

夹溪河漂流

夹溪河漂流也位于蓝田镇，是一个“纯漂”项目，紧邻黄金旅游线屯黄旅游公路，交通便利，具有非常好的地缘优势，因为从黄山、齐云山和西递宏村到那里的车程都不超过三十分钟。

从踏入夹溪河漂流景区的第一步起，我瞬间被满谷的清风和惺忪蒙眬的醉意包围起来。幽竹作排，苍树辉映，满眼的绿如同无意泼洒的颜料。缘河而上，轰隆的水声重重砸向河底冒尖的大石上，顿时溅起几米高的水花，随后便绚烂地绽放，四散开来，偶然邂逅几缕日光，一道虹霓佳话倒也是难

得的景致。坐上皮划艇的那一刻，悬着的心顿时就被拉下了两米多的距离。“放水喽——”水坝放水，真正的漂流才算开始。只听到河边汉子一声嘹亮的号子，百舸争流，人们齐刷刷地快速划到入水处，井然有序地排好船只。工作人员娴熟地用竹竿勾住船，船头对准坝口。伴随着一声声恐慌惊喜的尖叫声，船好似底部抹了油一般，迅速划到坝底，激起层层雪白的浪花。一瞬间的失重，然后便被激起的浪花淹没。船慢慢地向远方靠近，两岸是葱翠的竹林，抬头便是蓝天和白云。“山径入修篁，深林蔽日光。夏云生嶂远，瀑布引溪长。秀迹逢皆胜，清芬坐转凉。贪看玉尊月，归途赏前忘。”

陶渊明于田园间寻到返璞归真的快乐，而我于夹溪河景区收获了放浪形骸之外的洒脱。在这个被喻为“黄山第一漂”的小世界里，人

们深刻地感受到真正的速度与激情，绝对让人乘兴而来、满意而归。因为是南坝蓄水，所以即使在枯水季节，它依然能让你感觉到漂流的刺激！

拱北廊桥

在通往枧潭生态旅游区和夹溪河漂流景区的路上，伴着漫山的红叶，可以看见一座古老的廊桥静静卧在夹溪河上，它就是拱北廊桥。

拱北廊桥是目前安徽省尚存最长的古廊桥，桥上筑有遮阴避雨的长廊，廊屋内两沿设置靠背的长条凳，供行人憩息。临河的两边则是木窗。通过木窗向下看，桥下波光粼粼，清水如镜，桥底青山默默，林荫遮日，瓦舍参差。两岸青山翠绿，炊烟袅绕，整整齐齐堆在家家户户门口的柴火，还有吸足了阳光散发着腊香味的火腿，浓浓的乡土气息让人倍感舒心。穿过拱桥，路的两边密密匝匝地种满了各色的菊花，有的金黄如火，有的洁白如雪，一团团，一簇簇，姹紫嫣红，甚是迷人。这里盛产黄山贡菊和徽州金丝黄菊。

廊桥遗梦，廊桥是个会让人浮想联翩的地方。徽州有很多的廊桥，步入婺源清华的彩虹桥、歙县北岸的廊桥……廊桥是容易产生艳遇的地方，年轻的你，说不定在廊桥的一次邂逅，就产生了一生都难以忘怀的经历。

当然，廊桥给你留下深刻记忆的还有舌尖上的美味——蓝田毛豆腐——除非你有超人的定力可以抗拒，这道美食可是登陆过央视《舌尖上的中国》和《中国味道》栏目的哦。蓝田镇制作毛豆腐，独树一帜，自古闻名古徽州，作坊众多，深受食客青睐。相传，朱元璋一次兵败徽州，逃至休宁一带，腹中饥饿难熬，命随从四处寻找食物。一随从从草堆中搜寻出逃难百姓藏在此处的几块豆腐，但已发酵长毛，因别无他物，只得将此豆腐放在炭火上烤熟给朱元璋吃。不料豆腐味道十分鲜美，朱元璋吃了非常高兴。转败为胜后，其下令随军厨师制作毛豆腐犒赏三军，毛豆腐遂在徽州流传下来。据说。陈毅军长当年也慕名前来品尝过蓝田毛豆腐。

三溪景区

三溪大峡谷位于黄山市休宁县岭南乡，处安徽最南端，毗邻浙江开化、江西婺源两县，因大洪溪、寒冲溪、莲花溪三条清流在村口汇合而得名。

一早听闻三溪大峡谷的美誉，相传明开国皇帝朱元璋路过三溪时也曾

经不住感叹："昔年曾见婺徽图，为问江南有也无？今日三溪桥上望，画师犹自欠功夫。"从云溪桥进入景区，首先映入眼帘的是田园风光和徽派乡村建筑，大峡谷入口没有城内外人文景点的大型停车场和游客集散地，一座木制的小屋就是景区的售票处，旁边的空地就是停车场，一座木制小桥横跨在小溪上，溪中有一石，上书"源"字即三溪的水口亭。沿溪而上，扑鼻而来的就是清新的桂花香，不知道是不是远离城市的缘故，这里的桂花格外鲜艳、格外大。

源溪而上，没一会儿看到一块特别像金元宝的石头，上面还有一个"金"字，好像是黄金万两的组合字。据说这是一块招财石，摸了可以带来财运，我自然也免不了俗，与身边的游客争先恐后摸了起来。

继续前行，忽然看到一块巨大的石头，上面刻有一个大大的"寿"字，像个老者一样守望着附近的居民。据说这个寿字颇有渊源，传光绪十八年休宁状元黄思永五旬大寿，慈禧御笔赐"寿"，黄思永为感其恩，特在三溪南瓜峰石上刻上真迹，寓意寿比南山。慧泉，又名千僧井，开凿于南唐末年，为三宝禅寺开山法师所建。千年来此井不溢不涸，清澈透明，甘洌爽口。蝴蝶泉，不仅因为形似蝴蝶得名，而且因为这里经常有五彩斑斓的彩蝶飞舞。路随溪转，沿着峡谷的台阶向上走的过程中，无论攀爬到哪里都能看到瀑布、幽泉、池塘，听到叮叮咚咚的泉声。最为壮观的就数峡谷制高点的玉带瀑，落差有 190 米，这么大的气势用“飞流直下三千尺，疑是银河落九天”来形容一点也不为过。这时候回首俯视，群山环绕，绿树成荫，你会感觉整个身体都变得轻盈了起来。久居城市，身心早已被紧张的节奏给整得麻木不堪，难得的一次与大自然的亲近让我感到了彻底的放松，过了许久才恍惚地从美景中回到现实。

养生河漂流是这个景区的另一大特色。河道全长约两公里，上游和下游的落差不是很大，使得养生河漂流有着生态第一漂的美誉。在皮筏艇上，你尽可以安然自若或坐或躺，随波逐流，顺势而下，在两岸苍绿之中，静静与河石相拥，静看云卷云舒。行至此处，竟生出一番新的景致来。不似上游奔腾入海的气势，也非滩平水缓的波光潋滟，巨石缓坡，潺流而下，叮咚作响，掺着两岸稀疏的鸟鸣，似乎谱成了一曲清丽的小调，雅致极了。

横江太极漂流

横江太极漂流项目位于道教圣地齐云山风景名胜区，漂流行程恰好在横江形成的天然太极水域，所以被誉为“中国最具诗情画意的道家休闲养生观光漂流”。竹筏上有小竹椅，上面有顶棚，还为每个客人精心准备了毛峰、红茶和豆腐干等茶点。品着香茗，吃着点心，听

着道家音乐和艄公的桨声，十分惬意。整个漂流水道由水乡徽韵、田园风光、天然太极、齐云仙境、登封古桥等景观组成，融合徽州原生态水乡田园风情、道教文化以及齐云山独特自然资源禀赋。

横江为太极漂流提供了天然的良好水源，船在水中漂，人在画中游，

两岸粉墙黛瓦，山花野草遍布，当竹筏载着你漂过四百年历史的登封古桥时，心生的穿越之感是无法言表的。这种道家休闲养生观光高等级漂流的体验，在全国也找不到第二处了。

第八封信

名山秀水新安源

Mingshan Xiushui Xin'anyuan

“一剪闲云一溪月，一程山水一年华。”这世界那么大，能让你感觉是家的地方却很少。

——题记

钱塘江、富春江和新安江的正源在位于皖赣两省交界海拔 1629.8 米的怀玉山主峰六股尖。当地人们通常把这片流域称为新安源。这里群山环抱，巍峨挺拔，傲然不群，现在的流口、鹤城、汪村、溪口、板桥等地就属于新安源地区。六股尖下面有一个古老的村庄——新安源村，是新安江源头第一村。

到新安源去看看！水转山绕，林木葱郁，草色青青，一路风景，是许多江浙沪朋友自驾行的首选目的地。从休宁县城驱车新安源，四十分钟左右就可以抵达新安源头第一镇——流口镇的茗洲村。

茗　洲

茗洲村口有一座巨石砌就、气势磅礴的寨门，蔚为壮观。中国历史上十大名茶中有“祁红”“屯绿”，茗洲就是屯绿的主产地，只不过当年茗洲的茶叶，基本上都是在屯溪运上新安江的木船，走向全国的，所以世人只知屯溪而不知茗洲，也就不足为奇了。向村里前行，山路蜿蜒曲折，道路两边绿树环绕。高高的楼房建筑是看不见的，眼前只是一排排连绵纵横的层层山群，在云影闪烁的山坡上若隐若现，满目的茶园带来的绿意却显得无比清晰。

村头有一座石拱桥，站在桥上向下望去，碧水中流。微风传送着竹树和茶叶的馨香，郁郁葱葱的竹林和漫山遍野的茶叶使绿色成为茗洲村的主色调，透露出一派生机盎然，万物都充满灵气的静谧感。茗洲茶是当地村民的主要经济来源。村民穿梭于碧绿之中，辛勤劳作，

世世代代沿袭着植茶、采茶、制茶、售茶的传统，致力于将茗洲村历史悠久的茶叶文化发扬光大。茗州茶中的黄山金毫为极品，来了一定要记得品尝哦。

村庄宁静安详，富裕的村民大多翻盖新的楼房，但依然保留的粉墙黛瓦的徽派风格和马头墙高高昂立的气势。虽然古村落的雕梁画栋、飞檐走翘和宏伟壮观的葆和堂宗祠早在历史的沧桑巨变中不复存在，但我们脚下的青石板和路边的雕花古旗杆石仍无时无刻不在提醒着我们——茗洲村曾有过辉煌灿烂的过往和无法被忽视的深厚文化底蕴。村舍整洁，庭院悠悠，几乎家家都有盆景摆设，处处都散发出淡淡的诗意。“笑看云卷云舒，静观花开花落”，徽州文化的底蕴深厚可见一斑。

新安源村

继续驱车前行，那是满帘不知名的绿，夺你目光，沁你心脾。绿树、绿水、绿草，简直绿透了，不由分说陶醉其中。山清水秀的新安源村终于出现在眼前。

新安源村最夺目之处就是村口水口林。那是一片高入云端的参天古树，五百年以上树龄的名贵古树如红豆杉、枫香等就有 200 多株，其中最年长者有 1200 岁了。这是黄山市目前保护的最好、最大的一块风景水口林。最美的是在每年秋末初冬时节，枫林似火，一片绚烂，五彩斑斓，吸引了全国各地的游客慕名而来，争睹古树风采。

右龙是新安源村下辖的一个小村落，至今已有上千年历史，被赞誉为“黄山生态第一村”。昔日通往江西浮梁的驿道“徽饶古道”穿村而过。村内尚保存几百年的古驿道、古石栏杆、古亭、古庙、古桥、古祠堂和古民居，文化底蕴深厚，是个典型的徽文化的古村落。漫步徽州古道，领略别样的徽州风情，满目壮阔之余只想发自肺腑地感谢大自然无私的馈赠。

用享誉全球来赞誉新安源有机茶，一点也不为过，因为这里的有机茶已经畅销到了德国、俄罗斯、瑞士和美国等。新安源有机茶核心产区就是在右龙村。有幸在一位淳朴的老农家里品尝到一碗新安源银毫，冲泡之后，水质明净，叶底柔软，其茶香鲜嫩持久，滋味鲜爽甘甜，茶中珍品名副其实。新安江源头茶园约三万亩，是全国最大的有机茶基地。这里土壤肥沃，水源纯净，植被多样，赋予茶叶生产独特

的天然生态环境，新安源有机茶多次在国内外名茶评比中获金、银奖。德国一位有机茶专家到这里之后感慨道：“这里的生态环境是一流的，是花费几十亿美元都打造不出来的。”2013 年 12 月，俄罗斯总理梅德韦杰夫访问中国时，被作为国礼赠送给他的就是新安源有机银毫。白居易《琵琶行》：“商人重利轻别离，前月浮梁买茶去。去来江口守空船，绕船月明江水寒。”诉说的就是徽商为了生计别妻离子去浮梁卖茶。比起当年白居易笔下的茶商，这里的茶商是不是要厉害得多了？为新安源的新徽商点个赞吧。

龙井潭瀑布

如果到了新安源村，不去看看三江正源的龙井潭，那就算白走一遭了。走近龙井潭，但见乱石穿空，峭壁横斜，那一泻千里的瀑布仿佛一条玉带，又像是千军万马，从百米多高的山涧处从天而降，泻玉堆银，雷霆万钧，狠狠地冲击到幽深的潭中，不断翻滚，卷起了千堆雪。站在龙井潭边，人似乎都被浪花的飞沫打湿了。在这里，你的耳朵里灌满的是水声，其他的都听不见了。

新安江就这样以它浩瀚的气势，开始了它容纳百川、奔流到海不复回的生命旅程。这是一首生命的赞歌，这是大自然的礼赞，这是英雄的颂歌！

红色的革命烙印

新安源的绿，绿得娇艳欲滴；新安源的红，也红得轰轰烈烈。在新安源有一处红色景点——六股尖无名烈士纪念陵园，里面长眠着为了新中国革命事业献身的先烈。1935 年 12 月，由熊刚、刘毓标率领的皖南红军独立团在江西境内遭国民党“围剿”，被迫转移至六股尖时，遭遇暴风雪，饥寒交迫，30 多名不知姓名的官兵被活活冻死在海拔 1400 多米的高山上，或站立或躺下，或怒目圆睁、手中紧握钢枪，姿态多样。来年开春后他们的尸骨才被新安源的百姓悄悄掩埋。烈士纪念陵园文化墙的浮雕再现了当年的悲壮场景。纪念碑整体以块石垒成并镶嵌大理石碑面，主体高度达 8 米。陵园内青砖地面，四周为粉墙黛瓦马头墙徽派回廊式结构，青松苍柏，肃穆大方。记得一定要去凭吊哦。

说起新安源的另一处红色景点，那也是杠杠的。它就是以石头屋、树皮房为特色的石屋坑村。石屋坑坐落六股尖北麓，群山环绕，山清水秀，上个世纪 30 年代是中共皖浙赣省委旧址，是革命星火燃起的圣土。村口，潺潺的小溪畔，是两棵擎天而立、冠盖如云的古树，一株是红豆杉，一株是银杏树，都有数百年历史，青龙白虎锁翠，像是守

护家园的哨兵。村中的那些完全用石头木头砌成的屋子，栉风沐雨百余年，古风盎然。这是新安江源头地区原始土著居民原生态生活场景的再现。

历史不会忘记。1936 年 4 月，中共皖浙赣省委在此燃起了熊熊的革命烈火。这些年政府将其逐渐开发成集绿色生态、红色旅游于一体的风景自然村。这一块具有光荣革命斗争传统的红色土地，在第二次国内战争时期被定为红军北上抗日先遣队的转战地以及皖南红军独立日的根据地和中共皖浙赣省委的常驻地，1998 年 5 月被列为省级重点文物，2012 年 8 月被列为爱国主义教育基地。石屋坑烈士纪念广场上赫然挺立着的革命英雄纪念碑，在一片葱绿翠柏中显得极为庄严肃穆。整个石屋坑俨然一首首可歌可泣的革命赞歌，抽个空，来石屋坑感受铮铮历史岁月，不忘过去，开辟未来。

喜欢徒步古道的朋友一定别忘了去村后的平鼻岭古道走一走哦，

其是现今保存的比较完好的徽州古道之一。蜿蜒起伏的平鼻岭古道，是盘旋在皖赣边陲六股尖附近云端深处的巨蟒，连接着古徽州两兄弟——婺源和休宁因山岭陡峭酷似削平的鼻子而得名。

平鼻岭早在宋代时就久负盛名。南宋淳祐甲辰进士、江西常平事许月卿途经平鼻岭，曾作有《登平鼻岭》一诗："冉冉晴岚渍客裾，跻攀直上接层虚。落花啼鸟山逾寂，片石长松画不如。绝巘岿然凝晚照，白云深处是吾庐。缅怀当日太行路，今古行人覆几车。"

走近新安源，就像曾无数次午夜梦回一般，一切是那般熟稔，一草一木，都是那般牵动人心。若真是梦一场，那便不醒了吧。

第九封信

手接白云美大阜

Shoujie Baiyun Meidafu

或许，从小你就有一个梦想，想飞上天，和太阳肩并肩，恩泽万物，与山河诉衷肠，和清风论美景。来吧，这里可以让你圆梦！

——题记

在休宁，有这样一个地方，曾被誉为“安徽的墨脱”，“它是一块未被旅游界开垦的处女地，纯粹得像一颗未经雕琢的绿色宝石”。它所拥有的一切美景，全是大自然赠予的礼物，这就是休宁县的白际乡。白际乡地处休宁县的东南边陲，位于海拔 800 米以上的天目山脉延伸部分的白际山脉群峰之中，因地势较高，“伸手犹可际白云”，故称“白际”。这里风光旖旎，加上公路的险峻，使得白际成为驴友自驾的天堂 。

“徽杭自古道难行，白际山头有仙境。” 白际盘山公路，是黄山市海拔最高的公路，又被称作“白云天路”。盘山公路全程 32 公里，

其中上坡 21 公里，下坡 11 公里。一路盘旋，弯道连连，到达山顶，放眼望去，崇山峻岭之巅，波澜壮阔起伏的山脉彼此重叠，山脉与天接处白云缠绕，仿佛置身于天际之中，使人心旷神怡。回首望去，绿色从中一条白线似吞云巨龙穿山越岭。

人看不了千年，百年老树却在风雨中望尽人间沧桑。走进白际村，一棵棵老树就足以证明一个村落的古老程度。白际村的古树群树龄多数在 500 年以上，其中有一棵树干周长为 4.5 米，经专家现场鉴定，树龄估计在 1500 到 1800 年之间，是最古老的一棵柳杉树。还有两棵南方红豆杉树干周长达到 2.5 米，需要两三个人才能抱得住，树龄

也估计在1000年以上。

缘溪而行，随着水流声愈发接近，百丈冲瀑布到了。只见十几米宽的山涧水从几十米的绝壁上白练般凌空倾泻，直扑向深潭，轰鸣作响，颇为壮观，这瀑布定是要垂直地跌落。百丈冲瀑布声若雷鸣，溅起阵阵水雾；而油煎豆腐瀑布则温柔很多，一股股涓涓细流从岩壁上飞花溅玉，像极了做油煎豆腐时清油滋滋作响点点渗出的样子，那名字也惹得人会心一笑。

离瀑布不远的白际人民公社，还保留着上世纪五六十年代的模样，那些红色的标语会勾起你对激情燃烧岁月的深情回眸。在白际，如果你不怕累，还可以徒步去严池看看，那里至今未通公路，那里的高山梯田与云海也是相当不错的。

顺着山路继续往前走，一直走到了徽开古道。徽开古道，即安徽徽州与浙江开化之间的通道，是一条今天仍在使用的古道。古道起点为白际岭下面的岭脚村，越过海拔1208米的白际岭，到达浙江的厦山村，全程30余公里，沿线多瀑布，并有多个原生态村落。旅游的发

展让徽开古道有了新的价值，随着徒步运动的开展，让更多的游客走进这里，在历史遗留的古道里重走徽商之路。

除白际村之外，另一个藏匿于徽开古道未经开发的村落便是休宁县源芳乡的梓源村了。

梓源村位于白际山脉南麓，和白际乡一样，没有经过开发，至今还是一块等待雕琢的“璞玉浑金”。自第一眼看见，我便一发不可收拾……

小肠古道，葱郁树木，淳朴笑脸，清新空气，仿佛置身于一个世外桃源，没有纷争，没有扰乱，只有让人为之向往的静谧和安宁。古道是古时徽州府通往浙江的要道，由一阶一阶的石块构成，据说当时修建古道时，民众也参与其中，一银圆一台阶。不过我倒是很感慨古代的工程之牢固，如今依然作为通行的小道在使用。

走上一小会，迎面遇见新娘亭，这新娘亭以新娘房瀑布为之命名，供游客栖息，因而亭子构造简单大气，并没有过多的装饰，虽简洁能避风雨也是好的。

果然，不一会，我们就来到了新娘房瀑布。作为梓源村相当有知名度的瀑布，在80多米的高崖上，新娘房瀑布赫然在崖间飞奔，与对面距离50米的100米悬崖上的新郎瀑布两两相望。两条瀑布就这样相望了多少年，或许彼此早已在心间留下印记，却不得与其靠近一步，两两相望不相忘。

当白际和梓源散发出迷人的光彩时，周边的大阜村也悄悄地跟上了时代的潮流，成为休宁美丽乡村建设的示范基地。

大阜村，群山拥抱，远处的山峰危耸入云，如一幅浓墨的山水画，而我们，早已深深地沉浸在其中。山间铺满青石板的小路，更像是人身体中的脉络，忽隐忽现，向远方蔓延，指引着我们向更深处去探索。左岸是江南水乡的梯田，这个时候正是农事休养的季节，一棵棵生机盎然的小生命井然有序地排着队，贪婪地吮吸着自然馈赠的养分；右岸则是奔腾不息的河流，是鲜活的绿色的血液，波光潋滟。行走在如此山水之间，便油然地迸发出一种归属感和亲切感。一切是那么的静谧、那么的曼妙。

一方山水养育一方人，的确如此。纵使千百般的不愿，我们终究踏上了返程的归途。大阜村的村民们热情好客，慷慨地接待了我们。

热情融化了我们内心的拘泥，像是久别重逢的老友，激动不已。酒桌上，我们谈论古今，杯酒交错，不亦乐乎。也正是当地人的慷慨大方，让我们更进一步地感受到了大阜村的厚实的、淳朴的风情。这里有说不完的民间传奇、品尝不完的乡间美食，还有潜水滩里无尽的嬉戏。在这里，就自私地为读者们留下一个悬念，大阜村的传奇是说不清道不明的，有待游者去细心挖掘。

若是你来得巧，能赶上大阜的收冬节，可品尝糍粿、山芋干、野生猕猴桃酒、自酿米酒等一系列土特产，还可以欣赏各类农产品、农耕器具等。猕猴桃酒倒是在大阜尝过，入口柔润，不失为养生好酒。

第十封信

民俗特产

Minsu Techan

1. 得胜鼓

得胜鼓又称仗鼓，是休宁民间流传已久的地方民俗活动。相传得胜鼓是庆祝张巡将军班师回朝的凯旋豪迈之状，更体现了百姓的欣喜之情。得胜鼓表演形式是以夹板碰击节奏，伴以鼓声，场面壮阔，气势逼人，催人奋进，所产生的艺术效果极其强烈。历经数百年，得胜鼓代代相传不衰，人们敲响它，是对历史的感念，是对传统的珍爱，更是对不朽民族精神的追求。

2. 板凳龙

板凳龙最初起源于宋代，在每年元宵节、中秋节舞动，是一项必不可少的民间祈福活动。板凳龙的制作和表演均出自村民之手，习俗规定由六户村民负责装扮、掌舞龙头和龙尾，其他每户各出一节板凳或木板，连缀成龙

身，每节固定三瓣南瓜，上插点燃的香火。舞龙时，锣鼓声响，鞭炮轰鸣，人声鼎沸，热闹非凡，深受广大群众的欢迎。

3. 松萝茶

“今茶之上者，松萝也。”被誉为“绿色金子”的历史名茶松萝茶，产于休宁县城郊的松萝山。松萝茶的采制十分考究，明代闻龙《茶》中就详细记载了松萝茶著名的“屯绿”炒青技艺，为此，松萝茶久有“炒青始祖”之美誉。成品松萝茶条索紧卷、匀壮，白毫显露，色泽银绿光滑，滋味浓厚带苦，有橄榄果清香，冲泡后香气四溢，沁人心脾，呈现出松萝茶色绿、香高、味浓的品质。

4. 泉水鱼

休宁县山泉流水养鱼历史悠久，南宋时就有记载，距今有近900年历史。泉水鱼是生活在当地山涧泉水之中的淡水鱼，体型修长，鱼背黝黑，以青

草和时令蔬菜为食，生长周期比一般鱼类长，鱼肉紧实，肌间刺少，品尝起来口感绝佳，无泥腥味，营养价值极高，深受大家的喜爱。2015年10月，休宁县泉水鱼养殖系统成功申报为“中国重要农业文化遗产”。

5. 茶干

休宁的茶干主产地在五城镇，故多称为五城茶干。茶干为休宁传统特产，始创于南宋末年理宗时期，工艺成熟于元代，隆盛于清。其色泽均匀、细嚼味长、回味持久、有韧性、对折不断。茶干除含丰富的植物蛋白外，还含有人体所需氨基酸和十几种微量元素。2010 年 3 月，五城茶干成功获批国家地理标志保护产品称号。

6. 毛豆腐

毛豆腐也叫霉豆腐，古徽州地区传统名菜，是一种表面长有寸许白色茸毛的豆制品。毛豆腐最别具风味的吃法，就是在路边摊围着煎豆腐锅边吃边聊。刚出锅的毛豆腐热气腾腾，配上咸鲜的自制辣椒酱，那味道，怎一个鲜美可口。《舌尖上的中国 1》《天天向上》等栏目还专门对休宁县蓝田镇的方馨玉毛豆腐进行拍摄、播放。

7. 米酒

休宁的米酒是“绿色”食品，从一粒米到做成酒水，全程采用手工酿造，不接触到任何化学物质。上好的米酒外观橙黄色至琥珀色，清澈透明，有光泽，口感柔和醇厚。相传五城黄姓人，每年举办“将军会”祭祀为平叛安史之乱而殉国的张巡将军，将米酒作为祭会主饮料，酿造米酒技艺一直流传至今。2014 年 7 月，休宁最具代表性的五城米酒成功获批国家地理标志保护产品称号。

8. 六股尖山泉水

说到休宁，就会说到新安江，说到新安江，就不得不提它的发源地——休宁县鹤城乡六股尖。六股尖山泉水的水源地就在于此。清冽洁净的山泉水，富含人体所需的多种矿物质和微量元素，品质极佳，一经上市，就博得了消费者的喜爱，成为当地特色旅游商品。2016 年 9 月，央视《发现之旅》还在此拍摄了主题为“一次关于水的公益之旅”的专题片。

9. 黄山贡菊

黄山贡菊又称徽菊，是休宁县的传统名产，与杭菊、滁菊、亳菊并称中国四大名菊，因在古代被作为贡品，故名“贡菊”。其盛产于蓝田、南塘、盐铺等地，花形完好整齐，花瓣洁白，花蒂青绿，品质优良，集色、香、味、形于一体，具有疏风散热、养肝明目、清凉解毒的功能，既有观赏价值，又有药用功能，被誉为长寿抗衰老之花，是药用和饮中之佳品。

10. 万安罗盘

罗盘也叫罗经、罗经盘、罗针等，取包罗万象、经纬天地之义。在古代，罗盘广泛应用于航海和堪舆。休宁县万安镇是全国木质罗盘的唯一产地，历史上的罗盘店主要有方秀水、吴鲁衡、胡茹易、胡平秩等，其中以清代的吴鲁衡最为著名。一个罗盘的“面世”需要经过裁坯、分格、清盘、写盘等 8 道复杂工序，操作要求十分严格，且具有全国唯一性、标志性和独特性。2006 年，万安罗盘制作技艺入选了首批国家非物质文化遗产名录。

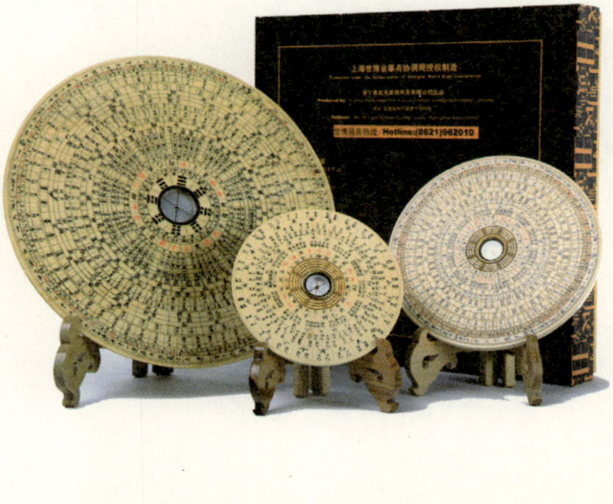

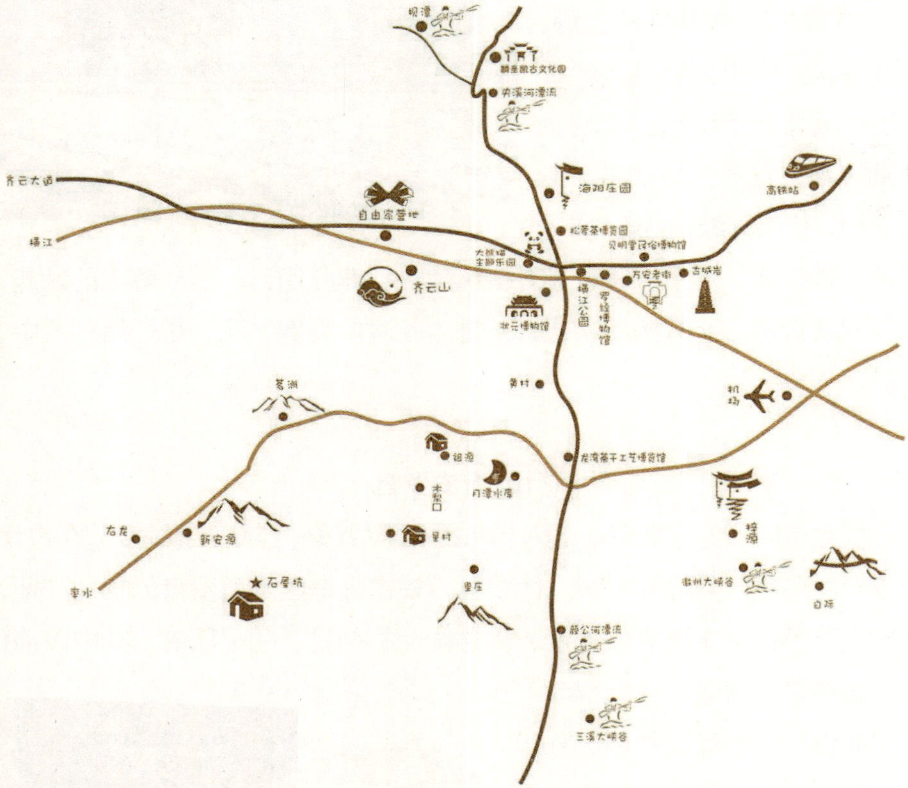
夹溪河漂流
海阳庄园
高铁站
齐云大道
横江
自由家营地
松萝茶博览园
见明堂民俗博物馆
大熊猫
主题乐园
横江公园
罗经博物馆
万安老街
古城岩
齐云山
状元博物馆
黄村
机场
茗洲
祖源
月潭水库
木梨口
龙湾茶干工艺博览馆
右龙
新安源
星村
梓源
率水
石屋坑
里庄
徽州大峡谷
白际
颜公河漂流
三溪大峡谷

最后一封信

亲爱的你：

梦醒了吗？那如痴如幻般的梦境就这样醒了吗？是我们的缘分尽了吗？不，我不信，我们的缘分其实才刚刚开始，我想你会再来徽州，带着成功的喜悦，带着满腹的柔情，带着春天的朝气、夏天的热情、秋天的爽朗、冬天的肃静，再一次踏足休宁这充满神秘、美不胜收却又拥有厚重历史的土地。我想你再来时一定不会是一个人，因为你别忘记了这本书被你寄给了你的亲人、朋友还有陌生人，你们碰巧选择了同一时间来到这里，让休宁共同见证这美丽的情缘，为你们开启别样的缘分。

在你离开休宁的日子里，我想，你不会忘记曾经在齐云山求的那支签，不会忘记在横江公园仰望过的白云，不会忘记徽州大峡谷咆哮的湍流。

在你离开休宁的日子里，我想，你不会忘记在海阳镇登的那些塔，不会忘记古城岩那岁月斑驳过的城墙，也不会忘记大阜深潭飞瀑。

在你离开休宁的日子里，我想，你不会忘记新安源的龙井潭瀑布，不会忘记板桥梓坞祠堂的精致徽雕，不会忘记松萝茶，更不会忘记状元博物馆带来的荣耀。

是的，你曾经因为一个梦来到了休宁，你希望离开俗世的喧嚣，希望寻得心灵的宁静、世间的净土，希望相识你志同道合的朋友。如今你带着一份沉静、一份厚重回去，借着这本书寻得一份奇特的缘分，我想这就是人生最好的梦了，它该是圆满的。

当然，亲爱的你，也许你刚刚收到一个不认识的人寄来的书，我想这也是你的一种缘分，不是吗？背上你的背包，让我们一起为梦出发吧！

缘分，就像是冥冥中一切皆有安排，就像徽州，就像休宁，历尽了上千年的风雨，依然在这里静静地等候着你。